关键

让种子在课堂里向阳生长

周晓林 / 著

问题

江西教育出版社
JIANGXI EDUCATION PUBLISHING HOUSE

·南昌·

赣版权登字−02−2024−350

图书在版编目（CIP）数据

关键问题：让种子在课堂里向阳生长 / 周晓林著.

南昌：江西教育出版社，2024.11. -- ISBN 978-7-5705-4432-5

Ⅰ.G622.421

中国国家版本馆CIP数据核字第2024EM2330号

关键问题：让种子在课堂里向阳生长
GUANJIAN WENTI : RANG ZHONGZI ZAI KETANG LI XIANGYANG SHENGZHANG

周晓林　著

江西教育出版社出版
（南昌市学府大道 299 号　邮编：330038）

出 品 人：熊　炽
责任编辑：冯会珍
美术编辑：张　延

各地新华书店经销
安徽联众印刷有限公司印刷
787 毫米 ×1092 毫米　　16 开本　　16.5 印张　　229 千字
2024 年 11 月第 1 版　　2024 年 11 月第 1 次印刷

ISBN 978-7-5705-4432-5
定价：58.00 元

赣教版图书如有印装质量问题，请向我社调换　电话：0791-86710427
总编室电话：0791-86705643　　编辑部电话：0791-86708350
投稿邮箱：JXJYCBS@163.com　　网址：http://www.jxeph.com

向阳的种子

晓林老师和我一样，都特别喜欢种子。他写的书的书名都与种子相关，我写的书也以种子命名。

喜欢种子的人多半是充满希望的，这种充满是傻傻的充满。

喜欢种子的人多半是喜欢阳光的，这种喜欢是执着的喜欢。

我们两人都是小学数学老师。

数学老师当久了之后，我们喜欢将一些知识当作种子知识，因为这个知识是否明白，会影响后一个知识的明白与否。我们也喜欢将一些课称为种子课，因为这一节课上得如何，决定了孩子们学完这节课后作业的错误率。

如同人和人有不一样，时间与时间有不一样，数学知识与数学知识同样有不一样。一个好的数学老师，必须明白知识与知识的不一样。知识的不一样，一定需要老师配置以教法的不一样，这样，孩子会深刻地感受到数学知识的不一样，深刻地体会到各种不一样的学习方法，从而免除数学学习的千篇一律、枯燥乏味。

晓林老师基于他的教学经验，基于他作为教研员对课堂观察的成果，基于他在培养教师过程中目睹的一线教师的教学困难，充分地认识到知识与知识之间的差别，以及以此改善教学的重要性。为此，他对小学数学知识做了一个全面的梳理，把那些特别重要的知识——由于教学原因容易成为学生学习问题的地方，称为关键问题，并且，将关键问题的解决作为教学过程中的种子教学。

知所先后，则近道矣。

在阅读完晓林老师的书稿后，我希望晓林老师一直当一个教研员，陪着一批一批老师成长，而一批一批老师的成长，会带来一批一批孩子对数学的亲近。

晓林老师是一颗向阳的种子。与向阳的老师一起，让我们的孩子都成为向阳的种子。

2023 年 7 月 12 日

让数学的种子向阳生长

"十年树木，百年树人。"栋梁之材，不仅需要从小埋下优良的种子,同时需要正确引领种子成长。让种子向阳生长,符合科学规律;怎样做到让种子向阳生长,需要智慧。

晓林，应该是晓得"林木"生长规律的!

他在小学数学教学领域的长期耕耘中，悟通了小学数学教学之道。他发现:小学数学教学与哲学、艺术道法相通，培育种子的关键是深度解剖课标、解读教材、了解学生、设计评价。

作为一名资深的小学数学教研员，晓林一直在探索小学数学高效课堂的核心，十年坚守教育初心，难能可贵!

"基于关键问题的小学数学课堂教学行动改进的十年探索"小学教学改革项目是以发展学生的数学学科核心素养为价值追求，以课堂关键问题的有效破解为抓手，通过确定关键问题，把关键问题转化为撬动学生思维支点的学习活动，构建具有生长力的课堂教学结构，整体构建引领教师和学生向阳生长的课堂实践研究模式。

该项目作为温州市首届小学教学改革十大样本之一，是唯一以学科获奖的课改样本。在现场展示活动中，获得了全体在场专家和教师的一致肯定。《关键问题:让种子在课堂里向阳生长》便是该项目的成果。

我认为，这本书主要体现了以下三个特点:

其一，关注学生的全面发展和个性发展。关键问题的出处在学生学习的困惑点、兴趣点，教师研究关键问题的前提就是研究学生。所以，晓林看似在关注教师成长，实则是找到了一种"倒逼"教师研究学生的载体。数学教师要全面了解学生的教学起点，科学合理地设计课堂关键问题，以此促进学生全面、有个性地成长。基于关键问题的课堂教学恰好能实现这些目标。

其二，引领教师深度备课。当下，教师的备课参考资料非常充裕！如何将优质的教学设计为我所用？如何避免教学行动浮于表面？怎样落实学生的深度学习？需要教师基于学情，有效开展深度备课活动。教师要思考怎样将关键问题转化为撬动学生思维的支点，怎样将学习活动设计成提升素养的着力点。我们看到周晓林团队在实践中总结出来了"寻找关键问题的四种策略"以及"设计学习活动的四个指向"，这些经验值得推广！

其三，助推课标理念落地。面对 2022 年版课标，许多教师都积极参与理论学习。但是，怎样将课标的理念在课堂教学中落地呢？这是所有教师希望解决的问题。周晓林团队，构建了基于关键问题的课堂教学六环结构模型，并制定了三维评价标准和四种区域推广机制。这些范式，从整体上指明了课标理念落地的方向，提供了具有可操作性的课堂教学支架，助推了课标落地。

期待周晓林团队能继续深度思考和研究小学数学教学，用行动的力量，创造小学数学课堂教学的新样态，以此改进小学数学课堂的教学质量。

兰继周

2024 年 3 月 26 日

目录

1 关键问题让每一颗种子都被发现

我国医学典籍《黄帝内经·素问》中说："知其要者，一言而终；不知其要，流散无穷。"这里的"要"就是关键问题。在以核心素养为导向的小学数学课堂教学中，在实施促进学生发展的教学活动时，如果我们能抓住关键问题，那么几句话就能把它讲清楚；如果不知道它的关键问题，那么说得再多，也难以讲清楚。

1.1 关键问题研究的理论指导

胡适先生在《中国哲学史大纲》里给哲学下了一个定义："凡研究人生切要的问题，从根本上着想，要寻一个根本的解决：这种学问，叫作哲学。"切要的问题就是值得我们研究的关键问题，小学数学教师要有这样的哲学眼光，善于寻找和发现小学数学课堂教学中的关键问题，从根本上着想，去寻求问题的根本解决之道。

1.1.1 教师要研究关键问题

关键问题是什么？我在专著《关键问题：一节课里的种子》一书中作了这样的论述：关键问题就是一节课里的种子，就是解决某一个问题的最主要因素，就像开门的钥匙一样。把握了关键问题，也就把握了教材，把握了学生。确定关键问题时，需要教师对教材进行深入的研读和思考，同时要对学生的学情进行研究。只有深度把握教材和顺应学生的学情，才能真正确定课堂教学的关键问题。

从整体视角上，我们要研究一个知识系统的关键问题，也就是俞正强老师所说的种子课。比如，在"平面图形的面积"教学系列课中，"长方形的面积"是种子课，就是我们要研究的关键问题。

在长方形的面积计算教学中，教师通过引导学生探索长方形面积计算公式的推导过程，让学生在用面积单位度量面积的数学活动中，积累用数格子的方法求面积的活动经验和思想方法，更重要的是学生理解了面积计算公式中长和宽所表示的意义：长方形长几厘米就是表示每行可以摆几个面积单位，宽几厘米就是表示可以摆这样的几行。长方形的面积可以具化为一幅由面积单位摆成的图像——每行摆几个，摆了几行，它的面积就是由这样摆放的"长×宽"个面积单位组成的。俞正强老师说："这个过程具有典型性，它的典型性表现为从操作计数到观察简约到思考发现再到一般规律的过程，这个过程具有重要的意义。"

从一个单元来说，我们要研究关键课。关键课也就是在单元中具有重要地位的课，在单元教学中具有举足轻重的地位。比如，"小数的初步认识"单元有"认识一位小数""小数的大小比较""简单的加减计算"三块教学内容，其中"认识一位小数"就是关键课。因为小数的大小比较和简单计算都是依据一位小数的含义来研究的，如果学生没有深度理解一位小数的含义，后面的知识学习都将是空中楼阁。同时，认识一位小数还是今后第二阶段小数再认识中两位小数学习的重要基础，值得我们用心去研究。

从一节课来说，我们要研究关键问题，也就是一节课里的种子。比如，"小数的初步认识"，我们要研究的关键问题是："如何引导学生体会一位小数是用来表示十分之几的？"只有把握了关键问题，才能真正埋下一节课的种子，为今后两位小数的学习提供肥沃的土壤，积累丰富的经验和思想，让种子萌发嫩芽，生长枝叶。

从一个练习来说，我们要研究关键信息。对关键信息的理解和把握，往往是解决问题的钥匙。例如，一道稍复杂的分数乘法题："美术兴趣小组，女生有 24 人，女生人数比男生人数多 $\frac{1}{3}$，男生有多少人？"关键信息是"女生人数比男生人数多 $\frac{1}{3}$"，我们需要引导学生理解 $\frac{1}{3}$ 的含义是什么。只有真正理解了 $\frac{1}{3}$ 所表示的意义，问题才能迎刃而解。

1.1.2　研究关键问题要从根本上着手

无论是一个知识系统中的种子课、一个单元内的关键课、一节课中的关键问题，还是一个练习中的关键信息，我们在研究时都要从根本上着手。什么是根本？根本就是主要矛盾，就是事物的本源和根基。

小学数学课堂教学的根本就是学生的核心素养，是以数学认知为基础，以数学基本思想和关键能力为核心，以独立思考、自主学习和经历数学核心素养的形成过程为关键。我们在研究关键问题时，应以此为根本去寻找和确定关键问题以及设计学习活动。

什么样的问题，才是我们认为的关键问题？

为什么这个是关键问题？为什么那个不是关键问题？关键问题的确定是从学生核心素养的发展上着想的，如果它在引导学生用数学的眼光观察现实世界，在促进学生用数学的思维思考现实世界，在强化学生用数学的语言描述现实世界，那么它就是我们认为的关键问题。

这节课怎样上，就是我们认为的关键问题破解。

这节课为什么要这样上？因为我们从根本上着想。例如，平行四边形的面积计算教学，为什么学生的学习活动要设计成"想一想，把图 1-1 中的平行四边形剪拼成一个长方形后，每行会摆几个面积单位，要摆这样的几行？动手摆一摆，或者利用方格图来验证你的猜想"。

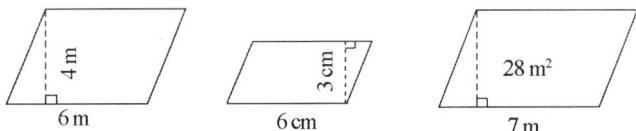

图 1-1 "平行四边形的面积计算"教学素材

从根本上着想，引导学生基于长方形面积计算公式的推导过程积累的经验和思想，去探索平行四边形的面积计算公式，让学生回到面积概念和度量的原点，经历完整的思考过程，凸显知识之间的内在联系和其中蕴含的数学价值，进而促进学生关键能力和必备品格的发展。

如何破解关键问题提升学生学习的乐趣？对于这个问题的思考就是从根本上着想，也就是眼中有学生。提升学生数学学习的乐趣需要学生深度体验关键问题破解的过程，需要学生经历基于核心素养体验点的研究、合作、讨论和分享的过程。

我们要思考的是如何以学生已有的数学认知为基础设计学习活动，如何让学生在分享和交流中感悟数学基本思想，如何让学生在数学活动中提升关键能力，如何让学生经历独立思考和自主学习的过程，如何让学生经历数学核心素养的形成过程。

从根本上说，要提升学生学习的乐趣，就要像俞正强老师所说的那样，去研究"知识点对应着的数学素养的体验点"，就是要去体验关键问题对应着的核心素养的体验点。

1.1.3 要寻求关键问题的根本解决

关键问题的根本解决，就是促进学生对数学知识的深度理解和有效学习，就是教师要把课上得有厚度，引导学生去思考看得见的东西背后那些看不见的东西，去寻找数学现象的本质，寻找内在，寻找本体。

例如，"认识面积"一课教学，我们要让学生真正理解"面积"的概念，那么我们就要思考和提出问题：什么是面？面在哪里？学生会自主尝试描述面的大小吗？学生会选择怎样的图形或物品去描述面积？他们有设计面积单位的活动经验和思想方法吗？他们会设计怎样的面积单位？面本身是个形，是可以看到的显性知识，它的内在是隐匿于知识内部的隐性知识，只有让学生习得知识内部的隐性知识，才是对关键问题的根本解决。

只有从根本上去思考，才能获得问题的根本解决。我们要从数学知识发生、发展的源和流上去思考和探究，去体会"面"的造字本义："在'目'字的外围加一个框，表明那个范围内是人的面部。""面"原来就是指人的面部，后来引申到物体的表面，这样我们就能清楚地描述什么是"面"：在黑板的外面加个框，这个框圈起来的范围就是黑板的面；长方形 4 条边圈起来的范围就是长方形的面；三角形 3 条边圈起来的范围就是三角形的面；圆的曲边圈起来的范围就是圆的面。从物体到平面图形，我们就可以更清晰地描述平面图形的"面"：边圈起来的范围就是平面图形的面。这样，"面"就有了形象、生动的表达。

认识面积的隐性知识就是对"面"本质的探索，就是对"面是什么"的本质理解，只有真正构建了"面"的概念，才会有描述面的大小的数学活动，才会有怎样描述面的大小更合适的数学思考。

关键问题的根本解决就是既让学生认清关键问题的外在现象，又让学生深度理解关键问题的内在本质，内外相应，课堂上的阳光温暖而灿烂。

1.2　关键问题教学的理与法

关键问题相当于是课程学习系统中的一个胚胎，由这个胚胎生成整个系统，我们应围绕关键问题大做文章，留有充足的时间和空间让学生积极地参与学习活动，基于关键问题教学的理与法展开研究和探索，举一反三，真正实现"以学为中心"的课堂变革。

1.2.1　关键问题教学要"庖丁解牛"

"庖丁解牛"是大家都很熟悉的一个寓言故事，源自《庄子·养生主》。庖丁解牛时"依乎天理，批大郤，导大窾，因其固然"，大郤和大窾就是关键地方，也就是关键问题。小学数学课堂教学的每节课依据知识的特点、学生的特点、教材编排体系的特点，有它自身的关键问题，要"因其固然"。

关键问题解决了，枝节地方也会跟着被解决。关键问题解开了，整个知识结构的大门就被打开了，对枝节地方的理解就没有了阻碍，在不知不觉中，顺着刀势豁然而解。

例如，人教版四年级下册第一单元"括号"一课（见图1-2）：

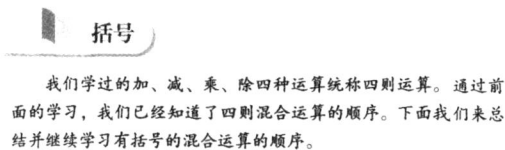

括号

我们学过的加、减、乘、除四种运算统称四则运算。通过前面的学习，我们已经知道了四则混合运算的顺序。下面我们来总结并继续学习有括号的混合运算的顺序。

图1-2 "括号"教材内容

学生已经知道了四则混合运算的运算顺序，也知道了小括号能改变算式的运算顺序，因此，"括号"这一节课是对于四则运算的运算顺序的一次集中学习和总结。教材分三个层次来呈现对运算顺序的学习和总结：

①没有括号的算式：计算96÷12+4×2，说一说运算的顺序。

②有小括号的算式：在算式96÷12+4×2中加上小括号，变成96÷（12+4）×2，运算顺序变了吗？

③既有小括号又有中括号的算式：在算式96÷（12+4）×2中加上中括号"[ ]"，变成96÷[（12+4）×2]，运算顺序变了吗？

那么，如何设计学习活动引导学生解决关键问题呢？有人是这样设计和教学的：

$$96÷12+4×2=3$$

想一想：不改变结果，使等式成立。

写一写：将你的想法用算式表示，也可以用文字表达。

说一说：和同桌交流你的想法。

利用教材提供的算式，让学生自主加上括号，使运算结果等于3，凸显了学生自主探索和使用括号的研究过程。通过原等式得到等式96÷32=3的过程有点难，阻碍了学生进一步使用中括号来描述数学现象的思维过程的展开，教师在教学中就容易陷入硬讲、硬教的尴尬境地。

有人这样设计学习活动（见图1-3、图1-4）：

不改变数字的位置，算出24点。

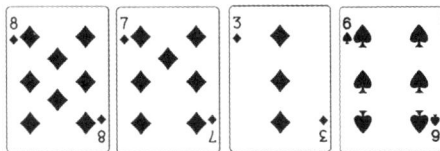

比一比谁的方法多！

图1-3 "括号"学生学习活动素材（一）

先算8 - 4，你有什么好办法？
$$8 - (7 - 3) \times 6 = 24$$

图1-4 "括号"学生学习活动素材（二）

比较图1-3和图1-4，可以发现图1-4中的学习活动的运算难度低，有利于学生更好地使用括号。特别是学生对图1-4中的等式的感知会非常强烈，知道使用什么运算会使等式成立，又知道图中的运算顺序是无法使等式成立的。学生心里知道却不知道如何表达，这个节点恰恰是"不愤不启，不悱不发"的状态，是让中括号应运而生的绝妙时机。学生要思考和解决的关键问题是：先算8-4，你有什么好办法？

对于关键问题，我们需要用智慧去解决，要"以无厚入有间"，这样才能"恢恢乎其于游刃必有余地矣"。但是大多数时候，很多教师不是这样做的：对于关键的"大郤"和"大窾"，是硬讲、硬教的。因为硬教，所以常常会感到很吃力，没有课后"提刀而立，为之四顾，为之踌躇满志"的幸福感。我们在处理课堂上复杂的情境时，要研究关键问题，不是硬碰，而是"以无厚入有间"，做到"动刀甚微，謋然已解"，这就是关键问题教学的价值和意义。

1.2.2 关键问题教学要"智者察同"

《黄帝内经·素问》里有一句名言"智者察同，愚者察异"，意思是有智慧的人能通过事物的变化，看到不同事物背后的相同之处，感悟不同事物内在的本质；无智慧的人只能看到事物的不同，只能看到事物外在的表象。有智慧的人不仅能理解客观规律的相同变化，而且能正确认识产生差异的原因，综观全局，认清事物的本质。

的确，两个东西的不同，我们是很容易发现的。但是，对不同的物体背后相同的东西的觉察，是有点难度的，需要我们用心体会。例如，北师大版三年级上册有个教学内容是"小树有多少棵"（见图1-5）：

图 1-5 "乘与除"教材内容

从乘法的角度来说，有表内乘法，有多位数乘一位数，有两位数乘两位数，有三位数乘两位数。20×3 显然和以前学习过的表内乘法 2×3 是不一样的，不能用乘法口诀直接解决图1-5中的问题。俞正强老师曾多次强调这节课非常重要，是计数单位第一次参与运算的种子课。

"智者察同"，我们需要关注的是不同的乘法算式背后的相同之处，寻找乘法算式本质。真的不能用乘法口诀直接计算吗？怎样才能用乘法口诀直接计算呢？能用乘法口诀直接计算的关键是什么呢？我们可以发现，如果把0藏起来，那么算式 20×3 就变成了 2×3，就可以利用乘法口诀"二三得六"直接口算。

能把0藏起来吗？用什么方法把0藏起来？有两种途径，我以人教版三年级上册"口算乘法"教学内容为例来说明。

第一种途径是利用计数单位，用"1捆"的表象把0藏起来，如图1-6所示，2捆为一组，有这样的3组，"二三得六"便可用于计算了。

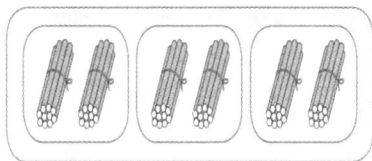

图1-6 "乘与除"教学素材（一）

第二种途径是利用数位，依据位值原则，把珠子放在十位上，如图1-7所示，从而把0藏起来，"二三得六"也可用于计算了。

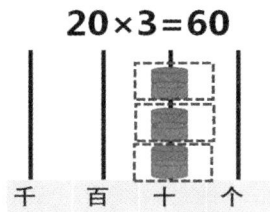

图1-7 "乘与除"教学素材（二）

2×3和20×3有什么相同之处？我们需要觉察的是两者都可以用乘法口诀"二三得六"来计算，一个是"2×3"个一，另一个是"2×3"个十，背后的"象"是一样的。"愚者察异"，可能更关注的是形式上的差别，孜孜不倦地追求算法上的表达：先不看0，算出2×3后，再添上0（见图1-8）。

图1-8 "乘与除"教学素材（三）

知其然，知其所以然，更要"知何由以知其所以然"，明白不同事物背后的相同处。

"朝三暮四"的故事大家都很熟悉，《庄子·齐物论》是这样描述这个寓言故事的："劳神明为一，而不知其同也，谓之朝三。何谓朝三？狙公赋芧，曰：'朝三而暮四。'众狙皆怒。曰：'然则朝四而暮三。'众狙皆悦。名实未亏而喜怒为用，亦因是也。"

如果联系前后文来看这个故事，我们就可以更清楚地知道庄子想表达的意思：很多人喜欢钻牛角尖，"劳神明为一"，在一点上反复纠结，而"不知其同也"，不知道也不会去寻找事物背后的相同处。

"朝三暮四"和"朝四暮三"本质上是相同的，但是喜欢钻牛角尖的人就会纠结为什么早上是三个，而不是四个。"喜怒为用"，随着三个和四个的变化心情起伏不定，被牵制和玩弄在股掌之间。

同样，我们在学习 20×3 的时候，应该去思考和寻找算式 20×3 和以前学习过的算式 2×3 的相同处。乘法算式各种各样，"吹万不同"，但是是谁吹出来的呢？那个"吹"出各种各样乘法类型的背后的力量是什么呢？我们要找的就是那个背后的力量，那个共同的东西，这就是"智者察同"的视角。

1.2.3 关键问题教学要"有待而然"

《庄子·齐物论》里有这样一个故事。罔两问景曰："曩子行，今子止；曩子坐，今子起；何其无特操与？"景曰："吾有待而然者邪！吾所待又有待而然者邪！"

罔两就是影子的影子，景就是影子。影子的影子问影子："刚刚你在走，现在却不动了；先前你坐着，现在又站起来了，你怎么这么没有自己的主张呢？"影子说："作为影子，我是被我所依凭的那个人决定的，我是别人的影子，那个人决定我行或止、坐或起。但是他又是谁的影子呢？"

例如，植树问题，俞正强老师认为植树问题的源头是平均分和对平均分的应用，具体而言就是下面两个问题：

20 米路，每 5 米一段，一共分了几段？

20 米路，每 5 米种一棵树，一共种了几棵树？

为了便于表达，俞正强老师用了"学"和"用"两个字来描述学在"段"上，用在"点"上。"植树问题"这节课的关键问题就是如何基于平均分的意义让学生理解种在"点"上和探求"点"的个数特征，可以设计如下学习活动：

全长 20 m 的小路，每隔 5 m 种一棵，一共种几棵？

研究：点的个数有什么特征？用你喜欢的方法来解释你的发现。

那么，点的个数有什么特征呢？学生在学习活动中会怎样研究和表达呢？我们来看学生的作品（见图 1-9 至图 1-14）。

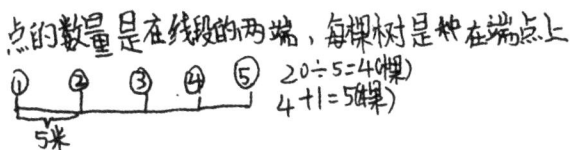

图 1-9 "植树问题"学生学习活动作品（一）

什么是点？什么是段？这个学生说，"点的数量是在线段的两端，每棵树是种在端点上"，可见学生知道点和段的区别，理解了植树问题的本质。

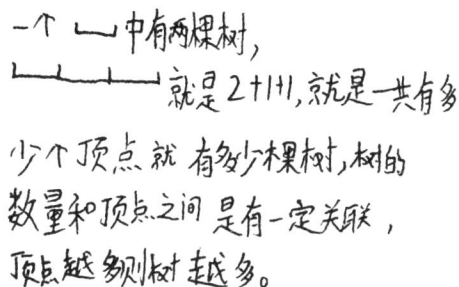

图 1-10 "植树问题"学生学习活动作品（二）

这个学生知道有多少个顶点就有多少棵树，顶点越多则树越多，树的数量和顶点之间是有关联的。学生把握住了解决问题的关键，但是没有解释点的个数的特征。

图 1-11 "植树问题"学生学习活动作品（三）

这个学生用画图的方式描述了树的棵数是 5，段的数量是 4，由此得出结论"种 5 棵树，有 5 个点，一共有 4 段"，解释了基于具体问题的段与点的联系。

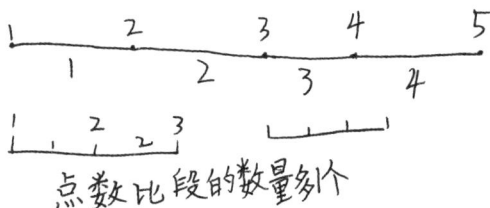

图 1-12 "植树问题"学生学习活动作品（四）

这个学生用了三条线段来解释点的个数的特征，用数数的方式描述段和点的关系：第一条线段有 4 段 5 点，第二条线段有 2 段 3 点，第三条线段不标数了，一目了然。由此他得出结论：点数比段的数量多 1 个。

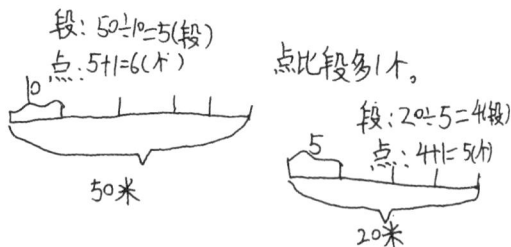

图 1-13 "植树问题"学生学习活动作品（五）

这个学生除了画图以外，还列算式来描述点和段的数量特征。他告诉我们"点比段多 1 个"。

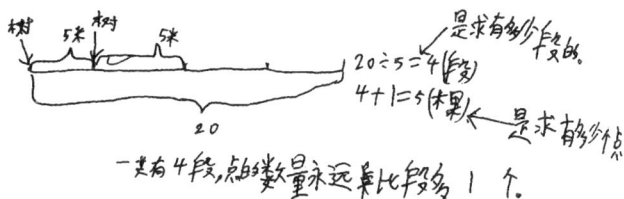

图 1–14 "植树问题"学生学习活动作品（六）

这个学生很清楚地表达了等式 20÷5=4 是求有多少段，等式 4+1=5 是求有多少个点，因此"一共有 4 段，点的数量永远比段多 1 个"。

以上，学生用自己喜欢的方法来解释和描述点的特征，明确了段和点，也就是明确了除法的"体"和"用"：树种在点上，点的个数比段的数量多 1。树种在点上，但是植树问题有多种形式：两端都种，一端种一端不种，两端都不种。这是造成学生解决问题困难的根源所在。

如果把三种形式看作"影子"，那么它们就是"点的影子"，是由要种的点的个数来决定的。

　　两端都种：点的个数 = 种树棵数。

　　一端种一端不种：点的个数 −1= 种树棵数。

　　两端都不种：点的个数 −2= 种树棵数。

点也是影子，它是除法的影子，是由除法而得到的段数来决定的：段数 +1= 点数。影子的影子是由影子决定的，影子又是由谁决定的呢？找到它，找到那个源，找到生出影子的地方，就找到了问题的本质，关键问题的教学也要"有待而然"。

1.3　关键问题研究要有整体视角

如果我们能够拥有整体视角，就能知道在某个时段应该下怎样的功夫，防微杜渐，避免问题发生。那些最容易淤堵的地方，就是一个体系里的种子课，一节课里的关键问题，一个练习题里的关键信息。如果这些淤堵的地方没有及时得到疏通，就会产生更多的淤泥，影响数学知识在大脑中的流动。学生的学习困难往往是这样产生的。

1.3.1　整体视角就是能知终始

什么是整体视角？用四个字来概括，就是"能知终始"。始就是起点，终就是终点。解决问题的玄机，就在于明白终始。明白了终始，就知道了这个体系是从哪里开始，到哪里结束，一句话就能解决问题，即《黄帝内经·灵枢》里所说的"能知终始，一言而毕"。

教师研究关键问题需要构建自己的整体视角，看清楚小学数学知识发生、发展的路径，找到终和始，明白知识的源与流。我们可以在数学知识从始到终的发生、发展路径中，通过观察始和终的状态，找到最容易淤堵的地方，即找到课堂教学的关键问题。

例如，"观察物体"教学，如果我们以整体视角去观察，梳理知识发生、发展的节点，就可以找到它们之间内在的联系，明确如何在观察物体的数学活动中提升学生的空间观念、几何直观和推理能力。在学生初次学习观察物体时，人教版二年级上册在最后一道练习题中编排了以下学习内容（见图 1-15）。

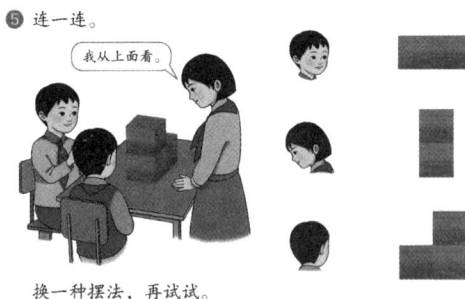

图 1-15　"观察物体"教材内容

从"观察物体"教学的整体视角来看，这是四年级下册"观察物体（二）"的教学内容，是承前启后的关键环节。因为观察物体就是引导学生从不同的角度观察几个几何体的组合体。这是学生第一次碰到对组合体的观察，虽然这道练习题是那么不起眼，或许还会被教师有意或无意地忽视，但是它的基于组合体的首发价值不能被我们忽视，更不能被轻易略过。

它和前面的学习内容有什么不一样？观察的对象变了，不是一个几何体，而是三个立方体的组合体，而且这个组合体还可以变换出多种组合样式。又有什么一样的？观察的视角是一样的。

有什么不一样？可以很清楚地发现两者观察物体所对应的数学语言是不一样的。观察长方体可以用长方体的面来描述看到的形状，观察组合体要用几个几何体的面组成平面组合图形来描述看到的形状。这应当是学生在二年级上学期积累的活动经验和思想方法。

以整体视角去看"观察物体"系列教学内容，我们就能明白二年级的"观察物体（一）"是让学生初步构建观察物体的视角和用数学语言描述不同视角观察到的物体形状。四年级的"观察物体（二）"是让学生用已有的经验方法去观察和描述组合体。五年级的"观察物体（三）"是让学生从不同的视角观察物体，从而获得对物体的全面认识。

有了这样的视角，我们就能"知所先后"，就能明白怎么做，就能基于关键问题设计系列观察物体的数学活动，逐步发展和提升学生的空间观念和几何直观能力。

1.3.2　拥有整体视角能防微杜渐

在教学中，我们会发现，学生面临许多学习困难。有时候，补课往往收效甚微。有些学生由于以前的种种原因，留下的"债"太多，犹如滚雪球一样，给五、六年级的数学老师留下了巨大的教学负担。好多基础知识和技能需要补，但是补不胜补，补了这边漏了那边。

怎么办？学生的问题有时候不是靠一节课一节课地补可以解决的，而是需要教师上一节具有整体视角的让学生一日看遍风景的系统课。例如，关于乘法，教师需要上一节系统课，引领学生经历小学乘法演变的全过程。从表内乘法到小数乘法再到分数乘法，只有学生对其有基于结构一致性的认识和理解，才有可能让他们成为"一口不漏的锅"，才能让他们进一步理解和把握整数乘法、小数乘法和分数乘法算理和算法。如果锅是漏的，补进去的东西是存不住的，整体的系统课就是把漏洞堵上，让此后的增益成为可能。

同时，基于整体视角我们就能有意识地聚焦那些关键课、关键问题和关键信息。俞正强老师说："数学教学和打仗的道理是一样的：一定要打好关键的几仗，关键的几仗打好了，就形成势了，其他仗就会势如破竹般地获胜。"

例如，解决"小明 5 秒走 8 米，他每走 1 米需要多少秒"数学问题，学生很容易出错，正确率大概是 60%。那么，学生解题过程中最容易出现淤堵的地方在哪里呢？如果从整体视角去看，我们会发现该数学问题的关键信息是对"走 1 米需要多少秒"意义的理解，而对这一意义的理解又和以前学习过的两个概念"平均分""速度"有关。如果学生没有深入理解"平均分"和"速度"两个概念，学习就会有淤堵，学生在五年级解决类似问题时就会产生学习困难。破解学习困难，教师要上好这两节课，让学生对"平均分"和"速度、时间和路程"有深入的理解。

对于"平均分"的学习，教师在教学时关注"怎样平均分"比较多，而对于"分到哪里去"研究得比较少。因为分到盘里去，用数学语言来描述是"每盘多少个"，分到碗里去的描述是"每碗多少个"，分给每个人的描述是"每人多少个"。对应这节课就是"每米多少秒"和"每秒多少米"。

教材是这样描述速度的："每小时（或每分钟等）行的路程，叫作速度。"现实中对于速度的描述除了这种方式，还可以表达为"行驶一千米所用的时间"。两者结合，学生才能形成对速度的完整认识。否则，学生对速度的学习体验是有缺陷、不完整的。

俞正强老师说，要在学生头脑中的知识产生混乱前做到位，过了这个时间段，学生就难以建立对知识的深度感悟。如果第一认识到位了，后面的学习就没有问题。如果前面没学对，后面再去纠正，就会很难。

《黄帝内经·素问》里面有段很经典的论述："是故圣人不治已病治未病，不治已乱治未乱，此之谓也。夫病已成而后药之，乱已成而后治之，譬犹渴而穿井，斗而铸锥，不亦晚乎！"如果我们能够拥有整体视角，就能知道在哪个时段应该下怎样的功夫，防微杜渐，避免问题发生。

渴而穿井，不亦晚乎？

1.3.3 拥有整体视角要既明且哲

那么，教师怎样才能拥有整体视角呢？需要"既明且哲"。什么是明？就是看得见的、形而下的小聪明。什么是哲？就是看不见的、形而上的大智慧。《诗经》里说"既明且哲，以保其身"，告诉我们一个人应该有小聪明，更要有大智慧，既要关注那些看得见的，也要发现那些看不见的东西，只有这样才能成为一个具有整体视角的人。

有一个例子，可以清楚地表达什么是明，什么是哲。《论语》里记载："子曰：'觚不觚，觚哉！觚哉！'"觚是什么？它是一种酒器。据说酒器分为五类："一升曰爵，二升曰觚，三升曰觯，四升曰角，五升曰散。"

爵，喝一升，够了，不喝了，要节制。

觚，喝二升，少点，不多喝。

觯，喝三升，可以了，要适量。

角，喝四升，过了点，容易出错。

散，喝五升，过量了，容易胡言乱语，被人讪笑。

量的大小决定了形的变化，这些都是我们可以看得到的，这些看得到的东西就是明。但是形和量背后蕴含着理，也就是礼，是我们看不到的，这些看不到的理就是哲。酒器之形和量的背后，都是理。

孔子为什么发出"觚不觚，觚哉！觚哉！"的感慨呢？因为礼乱了，觚不是二升了，喝的也不适量了。量的背后都是理，数的背后藏着象，理和象就是哲，需要我们用心去体会。

例如因数和倍数，2 是 12 的因数，12 是 2 的倍数，这是外在的可见的知识，是显性的。内在的不可见的隐性知识是什么呢？学生要体会的根本是什么呢？这就需要"哲"，需要用心去体会那些看不见的东西。

对于整数除法而言，如果商是整数且没有余数，我们就可以用因数和倍数来描述被除数和除数的关系。下面的算式有什么相同，有什么不同？

$12 \div 2=$	$8 \div 2=$	$30 \div 6=$
$19 \div 7=$	$9 \div 5=$	$26 \div 8=$
$20 \div 10=$	$21 \div 21=$	$63 \div 9=$

从形式上来看，自然可以发现它们都是整数除法。基于除法计算的学习经验，学生很自然会发现商是不一样的，求商成为学生判断它们有什么不同的必由之路。对整数除法和商的关注是学生用因数和倍数来描述被除数和除数关系的关键前提。基于对整数除法商的比较，上述整数除法算式可以分成两类，其中一类是商是整数且没有余数的。对于这一类整数除法，我们可以用因数和倍数来描述被除数和除数的关系。

那么学生会怎么描述呢？他们头脑中已有的因数和倍数的概念对描述会有怎样的影响呢？我们设计了以下学生学习活动：

试一试：用因数和倍数来描述被除数 12 和除数 2 的关系。

$$12 \div 2=6$$

我们来看学生的学习活动作品（见图 1-16 至图 1-20）。

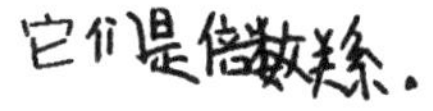

图 1-16 "因数和倍数"学生学习活动作品（一）

受倍数概念的影响，学生描述 12 和 2 是倍数关系，更进一步的表达是 12 是 2 的 6 倍。但是，他有用因数和倍数来描述 12 和 2 的关系吗？显然没有。

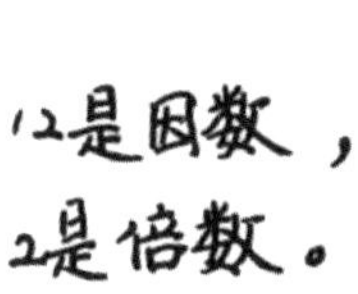

图 1-17 "因数和倍数"学生学习活动作品（二）

这个学生有用因数和倍数来描述 12 和 2 的关系吗？他描述了 12 是因数，2 是倍数，但是没有描述 12 和 2 的关系，且因数和倍数的指向是错的。

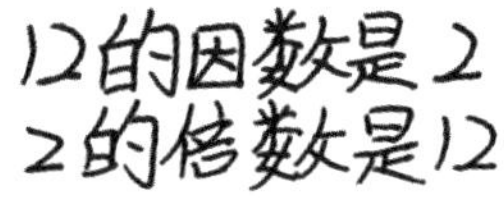

12的因数是2
2的倍数是12

图1-18 "因数和倍数"学生学习活动作品（三）

这个学生有用因数和倍数来描述12和2的关系吗？他描述了12的因数是2，2的倍数是12。12的因数是2和2是12的因数，这两种表达在本质上是有区别的，12的因数不仅仅是2，2的倍数也不仅仅是12。还有描述得比他更好的学生吗？

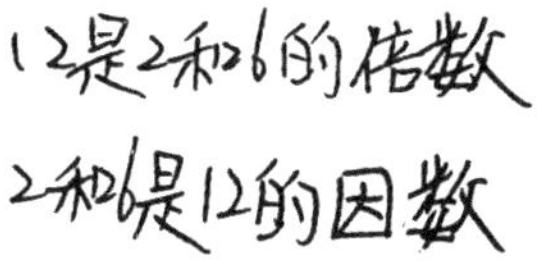

12是2和6的倍数
2和6是12的因数

图1-19 "因数和倍数"学生学习活动作品（四）

这个学生有用因数和倍数来描述12和2的关系吗？他描述了12是2的倍数，还说了12是2和6的倍数。与人教版教材不同，这种表达在北师大版教材和苏教版教材里出现过，这两个版本教材中关于因数和倍数的学习是基于乘法 $2 \times 6 = 12$ 而来的。

从意义上说，我更倾向于人教版教材中的表达，它很清楚地用因数和倍数描述了12和2的关系。那么"12是2和6的倍数"这样的描述在哪里出现过呢？应该是学生研究怎样找一个因数时获得的方法和策略：利用除法进行计算时，对除数和商分别作为寻找因数时的除数的体验。

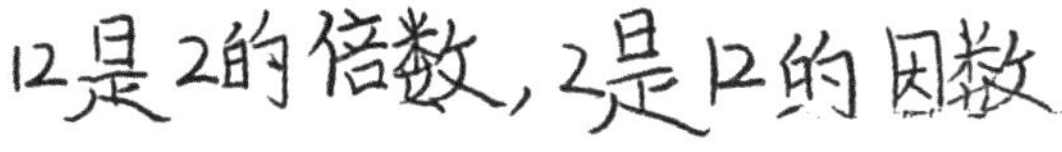

12是2的倍数，2是12的因数

图1-20 "因数和倍数"学生学习活动作品（五）

这个学生有用因数和倍数来描述12和2的关系吗？他的描述和前几个学生的描述有什么不同？当 $12 \div 2 = 6$ 时，我们就说12是2的倍数，2是12的因数。

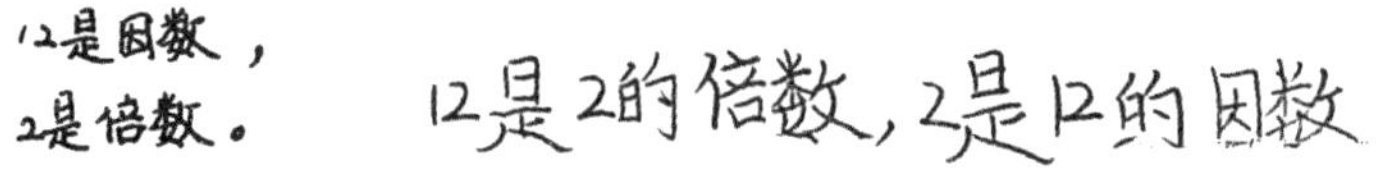

12是因数，
2是倍数。　　12是2的倍数，2是12的因数

图 1-21 "因数和倍数"学生学习活动作品对比

图 1-21 中的两种表达有什么不一样？谁说清楚了，谁没有说清楚？通过对比，强化了因数和倍数表示的是被除数和除数之间的关系，它们是相互依存的，因此后一种表达才能凸显这种相互依存的关系。

明白了因数和倍数是什么，就可以用因数和倍数这种数学语言来描述整数除法中被除数和除数的关系。关键是什么？关键是整数除法的商是整数且没有余数。因此，学生在用因数和倍数来描述被除数和除数的关系时，不能脱离对于整数除法算式的观照。"30÷6=5，30 是 6 的倍数，6 是 30 的因数"应成为学生完整表达的范式。通过数学语言的描述，可以强化和凸显概念的本质。

如果说除法算式和商是给定的，学生是按照一定的规则来说的，那么，下面这个练习就是让学生经历因数和倍数"是什么"的完整表达过程。

确定因数和倍数的关键前提是什么？

4 和 24、26 和 13、75 和 25、81 和 9，四组数中谁是谁的因数，谁是谁的倍数？

谁是谁的因数？谁是谁的倍数？确定因数和倍数的关键前提是什么？是对整数除法算式的把握。只有 24÷4=6，我们才能说 24 是 4 的倍数，4 是 24 的因数。每一个因数和倍数关系的背后都有一道整数除法算式，这是学生用因数和倍数描述两个数的关系的关键前提：先确定除法算式的各个要素。

"是什么"搞清楚了，接踵而来的问题就是"怎么得到"。怎么找一个数的因数？怎么找一个数的倍数？还是观察整数除法，这是整节课一以贯之的关键。

找一个数，如 18 的因数，就是寻找 18 是被除数、商是整数的整数除法算式，在这个寻找过程中明确 18 的因数有 1、2、3、6、9、18，从而得到商和除数都是 18 的因数的解决问题方法和策略。

在研究因数和倍数的过程中，整数除法贯穿了"是什么""怎么得到"的全过程，是描述两个数之间因数和倍数关系的源头和起点，是因数和倍数背后的力量，统领着因数和倍数概念的发生和发展。

2　学习活动使每一颗种子都会发芽

有了关键问题，就需要有关键行动，这个关键行动就是学习活动。如果说关键问题是一节课里的种子，那么学习活动就是给种子浇水施肥的培育过程。基于关键问题的学习活动是指为了破解关键问题而进行的师生活动，它着眼于关键问题的解决，是为了找到开门的钥匙而进行的师生活动，需要我们用心设计，细细体会。

2.1　设计学习活动要基于关键问题

基于关键问题的学习活动是学生进行数学研究、学习和实践活动的总称，是指以解决关键问题为目标，通过观察、实验、猜测、计算、推理、验证等手段去研究问题，以画图、计算、文字描述等方式表达研究结果的数学学习活动。

2.1.1　设计学习活动要立足关键问题

在教学中，我们经常看到这样的现象：学生在学习用分数乘法解决问题时，正确率很高，但是他在学习了用分数除法解决问题之后，就搞不清楚彼此之间的关系，没有了方向。

例如，在"稍复杂的分数除法"学习中要解决以下问题："美术兴趣小组女生有 24 人，女生人数比男生人数多 $\frac{1}{3}$，男生有多少人？"

教师在课堂教学中设计了这样的学习活动：

一想：单位"1"是什么？先画什么？再画什么？

二画：画出线段图，在图上标注单位"1"、信息和问题。

三写：写出等量关系。

四算：根据等量关系，列式（方程或算式）解决问题。

教师安排了"想—画—写—算"的探索路径，先让学生想单位"1"是什么，再通过画线段图表示出相关数量，写出数量之间的等量关系，最后列式解决问题。在这个学习的过程中，我们可以发现，要确定单位"1"是什么，需要先理解 $\frac{1}{3}$ 所表示的意义；怎么画线段图，需要先理解 24 和 $\frac{1}{3}$ 所表示的意义；写出等量关系，需要先理解"女生人数比男生人数多 $\frac{1}{3}$"的意义。

显然，理解"女生人数比男生人数多 $\frac{1}{3}$"的意义是本节课的关键问题。那么这句话是什么意思呢？$\frac{1}{3}$ 表示的意义是什么呢？对 $\frac{1}{3}$ 所表示的意义的理解是解决问题的关键，是本节课的种子。这颗种子要想生根发芽，需要我们给它创设浇水施肥的时间和空间，让学生在以下学习活动中进行探索和研究。

那么，"女生人数比男生人数多 $\frac{1}{3}$"是什么意思呢？它的意思就是"女生比男生多的人数是男生人数的 $\frac{1}{3}$"。当学生理解了 $\frac{1}{3}$ 所表示的意义，画什么样的线段图、怎么画线段图就有了方向，因为这与学生在二年级学习过的比较解决问题的模型是一致的，具有相同的结构。

"女生人数比男生人数多 $\frac{1}{3}$"是什么意思？试一试，请你用自己的话来解释。

这节课的学习活动是：请画出线段图表示"女生人数比男生人数多 $\frac{1}{3}$"。这就是基于关键问题的学生学习活动，着眼的是如何破解关键问题，如何突破难点，构建问题解决模型。

课中教师呈现了图 2–1 中所示的学生学习活动作品，如果基于意义理解的角度，我们就会用不同的眼光去看这幅作品，就会从学生的答案有没有凸显关键信息去做出合理的评价。

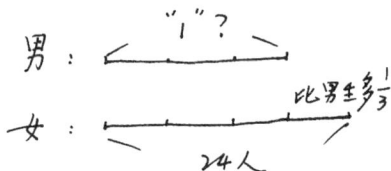

图 2-1 "稍复杂的分数除法"学生学习活动作品

显然，女生人数是由两部分组成的，与学生以前学习过的结构模型完全一致：和男生人数一样多的部分及比男生人数多的部分。一样多的部分就是男生人数，比男生人数多的部分就是"男生人数的 $\frac{1}{3}$"。女生人数比男生人数多的部分可以直接描述为"男生人数的 $\frac{1}{3}$"，比图 2-1 中学生描述的"比男生多 $\frac{1}{3}$"更容易理解和把握。

有了这样的认识和表达，女生人数和男生人数之间的等量关系就会水到渠成，自然而然：女生人数 = 男生人数 + 男生人数的 $\frac{1}{3}$。这是解决类似问题的算理，无论是方程表示，还是算式描述，都是基于该算理的算法表达，都能自然地流淌和化生为熟。

基于此，分数乘法和除法问题解决的根本是对分数意义的理解，因为分数意义的背后是关系，意义理解了，关系就明确了。只有这样，学生才能通过学习活动破解关键问题，构建解决分数乘除法问题的模型，才能凸显学习活动的价值。

2.1.2 设计学习活动要破解关键问题

基于关键问题的学生学习活动，着眼的是如何破解关键问题，如何突破难点，构建解决问题的模型。例如，"分数的意义"教学内容，2022 年人教版教材呈现了两份学习材料（见图 2-2）：度量石头的长度和把桌上的东西平均分给两个学生。之前版本的人教版教材还呈现了计算 1÷2 的素材。这些材料分别从测量、分物和计算的角度揭示了分数产生的现实来源和数学来源。

图 2-2 "分数的意义"教材素材

那么，这三份材料的落脚点在哪里？

第一份材料是测量。古人在利用一段绳子作为单位去度量石头长度时，往往会遇到剩余的长度不到 1 个绳子单位，无法用这段绳子作为单位去描述剩余长度的数学问题。测量的结果不能用整数表示，怎么办？问题就产生了，用分数表示测量结果的需要也随之产生了。

第二份材料是分物。这是学生有着丰富生活体验和活动经验积累的学习素材，在两个人或多个人平均分一个苹果、一块蛋糕、一包饼干时，每个人分到的不是整数的结果，怎么表示？不是整数的结果，就不能用自然数来表示，需要用分数来表示。

第三份材料是计算。学生在数学学习中经常会遇见小数除以大数的情况，类似 1÷2 这样的数学现象屡见不鲜，基于已有的知识和经验，他们无法进行自己的表达和描述，会自动屏蔽这些情况。但是，这些问题情境是他们所熟悉的，如何来表达类似的数学现象呢？

通过对三份材料的分析，我们可以发现它们具有共同的特征：不能正好得到整数的结果。怎么办？"这时常用分数来表示"，因此本节课的落脚点和关键问题是"什么情况下需要用分数来表示"。

"分数的意义"教学通过呈现测量、分物和计算三份材料，展现在现实生活和数学计算中经常会出现不能正好得到整数的结果，这时常用分数来表示。"什么情况下需要用分数来表示"就成了本节课的关键问题，基于这样的关键问题，我们可以设计以下学习活动来破解：

想一想：分数是由于什么需要产生的？

温馨提示：可以用画图、文字等方式来表示，或者展示你的创意。

学习活动引导学生基于已有的经验去探索和表达"分数是由于什么需要产生的"，强化学生的生活经验和知识基础，同时要求学生用自己的方式把这种经验和基础表达出来，凸显学生的个性化思考和自主性操作。

我们设计的学习活动是引导学生基于已有的经验去探索和表达"分数是由于什么需要产生的"，那么学生会有怎样的思考呢？我们来看学生的学习活动作品（见图 2-3 至图 2-6）。

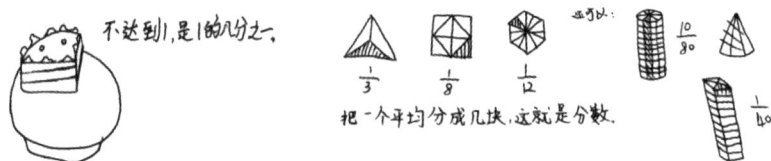

图 2-3 "分数的意义"学生学习活动作品（一）

学生用画图的方式描述了在分蛋糕和等分图形时，遇见分到的一块"不达到 1"或者不能用整数来表示一个图形的一部分，需要用"1"的几分之一，即需要用分数来表示。

图 2-4 "分数的意义"学生学习活动作品（二）

学生基于已有的学习经验，想到了在单位换算时多出来的一部分需要用分数表示，这是学生研究"1 米 3 分米 = （　　）米"时获得的学习经验。$\frac{1}{10}$ =0.1 的表达也是学生基于小数的学习经验，描述了在学习小数时，需要用到分数，要以分数为媒介来研究小数，小数是用来表示十进分数的。

$$(60+50)\div 2=55$$

增过于复杂时
↓
例如：也为30.3333······=$\frac{3}{10}$

图 2-5 "分数的意义"学生学习活动作品（三）

学生用两道整数算式来表示计算结果不是整数的情况，特别是后一道算式，从涂改的痕迹上可以看出学生原来写的是 $10\div 3$，也是计算结果不是整数的例子。学生将 $10\div 3$ 涂改成 $1\div 3$，还特别强调了计算结果过于复杂时可以用分数来表示，虽然他使用的分数 $\frac{3}{10}$ 不能准确地表达 $1\div 3$ 的结果。

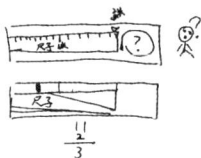

图 2-6 "分数的意义"学生学习活动作品（四）

学生画了两幅图来表示分数产生的需要，第一幅图描述了用尺子度量时，出现了不够量的情况，剩余部分不能用整数表示，怎么办呢？第二幅图描述了剩余部分可以用分数表示，正好是尺子的 $\frac{2}{3}$。

从学生的学习活动作品来看，他们能清晰地表达分物、计算和测量的结果不是整数的情况，并提出要用分数表示结果。通过学习活动使关键问题得到了有效破解，学生对"什么时候需要用分数来表示"的关键问题就有了较为深刻的理解和认识。

2.1.3 设计学习活动要有整体视角

设计学习活动应有单元意识，要从单元整体的视角去思考和设计基于关键问题的学生学习活动，让学生通过学习活动感受知识点的发生与发展，从整体上掌握知识。

例如，条形统计图的教学，它的出场是"把它们清楚地表示出来"的需要，是基于"什么是'清楚地'？要清楚地表示出什么？他清楚地表示出来了吗"的学习活动。条形统计图得以隆重出场，成为学生描述数学现象的数学语言。

2 下面是四（1）班同学最喜欢的一种早餐的统计表。

早餐种类	牛奶	豆浆	粥
人数	6	12	24

图 2-7 人教版"条形统计图"教材素材（一）

但是，当学生描述现实世界的数学语言碰到以下问题时，就有了基于现实的困境：用怎样的条形统计图来表示数据比较合适？他用怎样的条形统计图表示数据？他的条形统计图表示数据合适吗？

教材给出了两种样式的统计图：一种是以一当一，另一种是以一当二。用哪幅图表示这里的数据合适？当然，我们更期待的是让学生经历"你能用条形图合适地表示这些数据吗"的探索过程，在探索中体会什么样的条形图表示这些数据才是最合适的，由条形图表示这些数据的烦琐到简洁，从而自己发现由"以一当一"到"以一当二"的路径变化。

我总觉得这个从"以一当一"到"以一当二"应当是一个"如切如磋，如琢如磨"的过程，是学生自己体会和感悟，然后豁然开朗的过程：原来一个格子是可以用来代表 2 的。这是学生第一次遇见统计图中"以一当二"的数学语言，对于类似数学语言和内涵的体会是学生经验积累和思想方法感悟的一个重要节点。

《论语》里记载，子贡曰："贫而无谄，富而无骄，何如？"子曰："可也。未若贫而乐，富而好礼者也。"子贡曰：《诗》云：'如切如磋，如琢如磨。'其斯之谓与？"子曰："赐也，始可与言《诗》已矣，告诸往而知来者。"

从"贫而无谄，富而无骄，何如"到"可也。未若贫而乐，富而好礼者也"的过程就是从"以一当一"到"以一当二"的过程，就是"如切如磋，如琢如磨"的探究过程，对于这一过程的体悟，有助于学生积累切磋琢磨的经验，对于学生的后续发展具有重要的价值。

有了"以一当一"到"以一当二"的经验，就有了"告诸往而知来者"的思想，就有了合适地表示这些数据的知识和技能。比如，几个学生在一个路口用了20分钟时间统计通过的机动车数量，如图2-8所示：

3 这是几个同学在一个路口统计了20分钟后，得到的几种机动车通过的辆数统计表。

机动车类型	轿车	面包车	大客车	卡车
辆数	50	30	25	10

图 2-8 人教版"条形统计图"教材素材（二）

还是用"以一当二"的方法来表示数据吗？如果每个格表示2辆车，要画很多个格，太麻烦了！怎么办呢？这是学生"告诸往而知来者"的举一反三时刻，有了"以一当二"就有了"以一当几"的经验，就有了三、四、五……你会发现什么是：一生二、二生三、三生万物。

"千江有水千江月"，不同的数据就有了不同的表示数据的合适方法，就有了用条形图表示生活中各种各样的数据的能力：表示睡眠时间、表示乘坐的交通工具、表示最喜欢的动物的个数、表示几种动物的平均寿命，就有了对"以一当几"的把握。

但是，当我们遇见图2-9中的问题时，学生会发出新的感叹吗？

7 下面是一个报刊亭一个月卖出的杂志数量统计表。

杂志种类	汽车	运动	时尚	娱乐	经济	饮食	其他
本数	300	800	1200	1000	500	700	200

（1）用条形统计图表示上面这些数据，1格代表（   ）本合适。

（2）你能得到什么信息？

图 2-9 人教版"条形统计图"教材素材（三）

这是"以一当几"呢？1格还可以代表什么呢？代表几更合适呢？《秋

水》里的河伯自以为天下之美尽在己，"以一当十"已经很大了，但是当它遇见海若，才知道还可以"以一当百"……不禁望洋兴叹。因而，在这个单元结束时，教材特意强调"1格代表几，要根据具体情况来确定"，这很符合马克思主义哲学的基本原理——具体问题具体分析。

设计学生学习活动要有单元意识和整体视角，综观"表示这里的数据合适吗"的研究过程，是从一到二、从二到三、从三到万的过程，犹如"风行水上"的过程，水波荡漾，层层散开，但散而不乱，是数学语言描述现实世界的一条美丽的纹路。当你有了整体视角，就有了一种望断天涯路的感觉，就能在波涛起伏的起承转合中保持从容和淡定。

2.2　设计学习活动要符合学生学情

学习活动应以生为本，给予学生充分的时间和空间，让学生对关键问题进行探究，通过自主研究、动手实践和合作交流，对已有的数学现象进行重新认识、重新发现、重新加工，凸显活动性。因此，我们设计的学习活动应该符合学生学情，便于学生探究和操作。

2.2.1　设计学习活动要了解学情

学习活动的设计需要基于关键问题，同时还需要立足于学生学情。因此，在设计学习活动时，我们应了解学生的学习起点，分析学生已经具备的基础知识和基本技能，明确学生已经积累的活动经验、感悟的思想方法。只有充分了解学生的学情，我们才能通过设计学习活动来破解关键问题，达成相应的教学目标，把学生引领到我们想让他们去的地方。

当一个教师自认为学习活动设计得非常好，却没有充分了解学生的学情，以致学生难以进行有效的实践探索。例如，在"小数乘小数"教学时，有教师设计了以下学习活动：

想一想：0.2×0.3 的计数单位是多少？

画一画：让人一眼就看出来的想法。

通过这样的学习活动，教师期待学生能用自己的方式画图来描述什么是 0.2 × 0.3，能清晰准确地表达 0.2 和 0.3，以及两者相乘而得到的新的计数单位 0.01。但是学生呈现的活动作品是这样的，如图 2-10 所示。

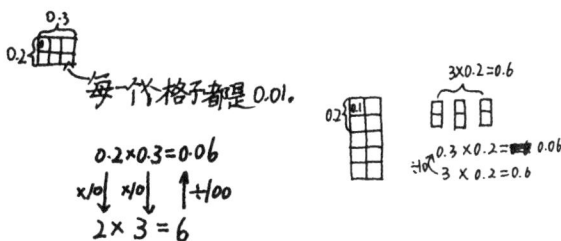

图 2-10 "小数乘小数"学生学习活动作品

学生表示出了 0.2 和 0.3，但它们是怎么来的？是基于怎样的整体而得到的？它们相乘的计数单位为什么是 0.01？教师期望学生能从计数单位的角度去表达和描述算法，学生却从积的变化规律上寻找答案。之所以出现这样的结果是因为这位教师设计的学习活动和学生的学情不符，学生不知道如何开展学习活动。

课堂中我们经常会遇见类似的火水未济现象，如何破解它呢？不是灭火，不是消磨教师的初心，而是要引火下行，多到学生中去，多听学生的意见，多研究学生的学习，多从学生的视角看问题，多从学生出发设计学习活动。只有充分了解学生的学情，才能设计相应的学习活动，有效激活学生的经验和思想。

对学生进行观察和研究，与教材研读、教学设计结合起来，才能获得良好的教学效果。

2.2.2 设计学习活动要基于学情

基于关键问题的学习活动，是指为了破解关键问题而进行的师生活动，它着眼于关键问题的解决，是为了找到开门的钥匙而进行的师生活动。当我们了解了学生的学情，就应着眼于学生的最近发展区，基于学情设计适合学生的能有效破解关键问题的学习活动，调动学生的积极性，发挥其潜能，超越其最近发展区而进入下一个发展阶段，然后在此基础上在下一个发展区内发展。

例如，人教版"分数的意义"教学内容（见图 2-11），教材基于学生已有的学习经验，让学生举例说明 $\frac{1}{4}$ 的含义，重点是让学生感受和体会它可以是一个物体的 $\frac{1}{4}$，也可以是一个整体的 $\frac{1}{4}$。

你能举例说明 $\frac{1}{4}$ 的含义吗？

图 2-11 "分数的意义"教材素材

一个物体、一个计量单位或一些物体都可以看作一个整体，学生在举例说明 $\frac{1}{4}$ 含义的过程中，对于源于分物的分数需要明确以下三点：

①把一个整体平均分成若干份是用分数表示的前提；

②分到这样的一份或几份是面对的数学现象；

③表示这样的一份或几份的数学语言是分数。

分物体时，学生面对一个整体的一份或几份的数学现象，需要用数学语言去描述。如果说分数是在整体描述的三种情况下产生的，那么本课就是具体表达等分物体时这样的一份或几份可以用分数来表示，关键问题是"分物体时怎样的数学现象可以用分数来表示"。

针对这样的关键问题，我们基于学情可以设计以下学习活动，让学生体会和破解关键问题。

想一想：$\frac{1}{4}$ 可以表示什么？请用画图、文字等方式来举例说一说。

"举例说一说 $\frac{1}{4}$ 的含义"和"$\frac{1}{4}$ 可以表示什么"两者是不一样的，前者是指令性的操作，后者是一个开放性的问题。"可以表示什么"往往会有无限的可能，会触发学生去做出更多的尝试和说明；"说一说含义"可能一说就停了，浅尝辄止，难以激发学生做深入的思考。

"分数的意义"以意义为名，但实际上只是具体表达等分物体时这样的一份或几份可以用分数来表示，这常会使一些老师和学生产生"原来这就是分数的意义"的偏见。从分物的角度来看，这节课的关键问题是"分物体时怎样的数学现象可以用分数来表示"，我们来看学生在基于关键问题的学习活动中是如何表达自己的思考的（见图2-12至图2-16）。

图 2-12 "分数的意义"学生学习活动作品（一）

这个学生说 $\frac{1}{4}$ 是用来表示这个正方形中的阴影部分，他是在表达把一个正方形平均分成 4 份，这样的 1 份可以用 $\frac{1}{4}$ 来表示。

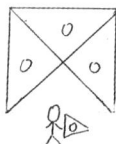

图 2-13 "分数的意义"学生学习活动作品（二）

这个学生用形象的图画来说明 $\frac{1}{4}$ 是用来表示被取走的部分，他也是在表达把一个正方形平均分成 4 份，这样的 1 份可以用 $\frac{1}{4}$ 来表示。

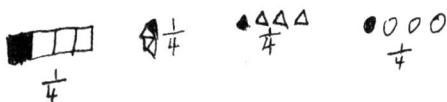

图 2-14 "分数的意义"学生学习活动作品（三）

这个学生画了 4 幅图来表达自己对 $\frac{1}{4}$ 可以表示什么的思考，这 4 幅图可以分为两类：一个物体和一些物体组成的一个整体。学生对于 $\frac{1}{4}$ 表示的意义的描述开始丰富起来，有了层次性。

图 2-15 "分数的意义"学生学习活动作品（四）

和前三个学生不同，这个学生表达的是一条线段的 $\frac{1}{4}$ ，这是把一个计量单位看作一个整体。内在的经验和思想应当源于对小数意义的学习。

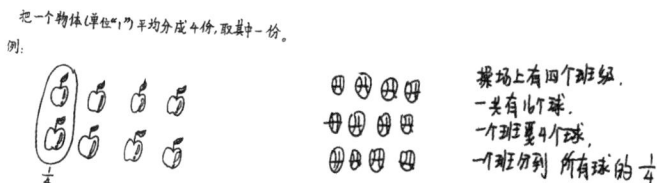

图 2-16 "分数的意义"学生学习活动作品（五）

这个学生画的两幅图都是表达把一些物体组成的一个整体平均分成 4 份， $\frac{1}{4}$ 就是表示其中的一份。

从学生的学习活动作品来看，他们能清晰地表达 $\frac{1}{4}$ 是用来表示把一个整体平均分成 4 份后其中的一份。在描述 $\frac{1}{4}$ 的过程中，他们对于可以用分数表示分物这个数学现象有了直观而深刻的理解，明白了平均分是分数表达的基础。

基于学情设计的学习活动，能让学生感受到这样的活动是他们能研究的，是可以通过合作和交流来完成的。这样他们就能有信心完成学习活动，活动任务就能驱动学生基于已有的知识和技能、经验和思想展开探索，用数学思维思考数学活动中的素材和资源，通过分析信息发现问题的症结，然后利用信息间的关系，思考解决问题的方法和策略。

2.2.3 设计学习活动要顺应学情

我们在设计学习活动的过程中，经常会遇见不同的人对学习活动的设计持不同的见解，都认为自己的好，自己的有道理，难以统一。怎么办？

我们需要明确的是：无论设计怎样的学习活动，我们都应顺应学生的学情，基于学生的学情展开并引导学生研究。

例如，公顷和平方千米，作为两个比较大的面积单位，对于学生来说，在生活中直接接触和使用到这两个单位的机会并不多。学生往往因为缺少体验和观察视角而感到学习困难，难以建立表象。那么，如何设计相应的学习活动引导学生建立面积单位"公顷"和"平方千米"的概念呢？

对教材进行梳理，我们可以发现无论是公顷还是平方千米，两者都是因需要度量较大的土地面积而产生的。鸟巢很大，我国的国土面积更大，因为大，所以需要大的面积单位来度量。基于学生已有的学习经验，我们知道学生在以前学习面积时已经体会到：因实际度量的需要，有了平方厘米，又有了平方分米、平方米。那么，大的面积需要用怎样的面积单位去度量呢？顺应学生学情，我们应创设情境让学生尝试用自己的数学语言去设计度量大的面积的面积单位。

如何创造这样的面积单位呢？根据怎样的规则去设计呢？已有的知识和经验支撑着学生开始新的创造，我们需要顺应学生的学情，通过学习活动驱动学生根据已有的面积单位的特征和结构去创造新的面积单位，去度量鸟巢的面积、天安门广场的面积、温州市的面积，乃至浙江省的面积、我国的国土面积。

顺应学情就是以生为本，学习活动设计要突出学生的主体地位，充分考虑和顺应学生作为活动主体的适应性和认可度，激发学生进行数学思考，互动交流，在吸收他人活动智慧的同时，积极完成和分享个体的学习活动成果。

2.3　学习活动过程和成果研究的心法

在课堂教学中，研究和分析学生的学习活动过程和成果是非常有必要的。我一直要求教师要强化对学生学习活动成果的分析和梳理，也一直以各种公开课和观摩课的形式去示范如何分析和梳理，但是总觉得缺了点什么。一日，读到《论语·为政篇》中记载的孔子的识人之术："视其所以，观其所由，察其所安。人焉廋哉？人焉廋哉？"如果我们用心体会孔子所说的"视其所以，观其所由，察其所安"三条识人之术，会发现这就是研究学生学习活动过程和成果的不二心法。

2.3.1　研究学习活动成果要"视其所以"

"视其所以"就是观察学生为什么这样做。我们常说，要知其然更要知其所以然，我们在观察和分析学生的学习活动时，要观察他为什么这样做，他的学习活动目的和动机是不是符合要求。

例如，人教版四年级上册第七单元的"条形统计图"一课，在教学中，有教师选择了以下研究素材：

每月全班要共读一本课外书，从学生推荐的课外书目中选择，哪本书可以作为本月的共读课外书呢？

学生为了解决"哪本书可以作为本月的共读课外书"数学问题，展开了学习活动：你打算怎样整理收集的数据？

学生会怎样整理呢？有列表格整理的，有用画"正"字来表示相关数据的，有直接用象形图整理的，有用条形图整理的。学生为什么会这样做？因为学习活动的任务是整理，所以学生的学习活动目的是清楚地整理和表示这些数据。

当明白了学生这样做的原因和出发点时，我们就知道了学生活动作品的价值在于"数据整理出来了吗"，是否解决了"本月共读哪本课外书"这一问题，就能清晰地评价学生学习活动作品中的优与劣。

知道了学生为什么而出发，就知道了他的动机，再来观察学生的学习行为和学习成果，就能知道他的思维过程，知道他"有所从来，亦有所去"，我们就可以更好地理解学生，进而因材施教，引导学生更好地学习。

2.3.2 分析学习活动成果要"观其所由"

"观其所由"就是观察学生的学习活动作品是怎么表示出来的，是通过怎样的学习路径研究的：是自己独立完成的，还是通过合作研究得到的；是模仿的，还是创新的。观察学生是怎么走过来的，就能明白学生学习活动作品的价值。我们分析学生的学习活动作品，就要去分析这些学习活动作品是怎么被研究出来的，他是不是有意识地在表达，作品有没有凸显了他想表达的那些要素，以此来观照学生的学习活动作品，自然可以一目了然。

例如，人教版教材二年级上册第五单元"观察物体"一课，在学生学习了从左面、前面和上面观察长方体之后，教材接下来呈现了以下学习任务（见图 2-17）：

再照样子观察一下 ▢ 、 ⬭ 和 ⬤ 。

图 2-17 "观察物体"教材素材

这里有个关键词"照样子"。什么是照样子？照什么样子？这是观察长方体的数学活动后的经验应用，是进一步通过观察来认识正方体、圆柱体和球体特征的过程，也是进一步体会如何用数学语言来描述三种立体图形的过程。那么学生会怎样照样子观察呢？通过分析学生学习活动作品（见图 2-18 至图 2-20）的"观其所由"，我们可以清楚地看出学生的学习活动作品是基于怎样的路径得到的。

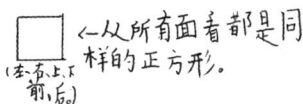

⬜ ←从所有面看都是同样的正方形。
（左右上下前后）

图 2-18 "观察物体"学生学习活动作品（一）

显然，学生在照样子，基于观察长方体的活动经验，从左、右、上、下、前、后去观察正方体，并用数学语言去描述观察到的物体形状："从所有面看都是同样的正方形。"

图 2-19 "观察物体"学生学习活动作品（二）

这个学生的着眼点不是表达从不同角度看到的物体形状是什么样的，而是强调"所有面都是一样的"，表达的是正方体各个面的关系，是整体视角下的观感，和前一个学生表达是不一样的，这个学生有着自己的独特视角。

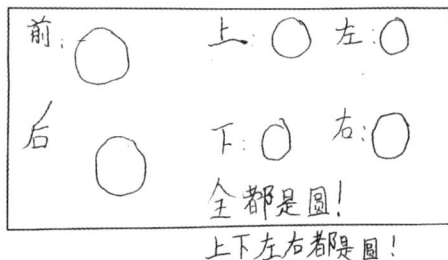

图 2-20 "观察物体"学生学习活动作品（三）

这是学生对球观察的学习活动成果，他的观察路径也是照样子从六个方位进行观察，用文字和图片相结合的方式描述自己看到的物体形状，特别强调了"全都是圆！上下左右都是圆"的观察结论。

在这个过程中，学生能够有深刻的体会并积累观察经验，从本质上对立体图形的特征进行感知和把握。什么是"观"？有人说"观"的本质不是看，而是把那些覆盖在学生作品上面的杂质吹开、剥开，只有把杂质吹开、剥开之后，才能看见。因此，对于学生的学习活动作品，我们要吹掉其表层的东西，真正看到它的本质，从"所由"来分析学生采用的方式方法。同一件事，不同的方式方法往往可以折射出一个人的行为偏好和性格习惯，这有助于我们更好地对学生因材施教。

2.3.3 观察学习活动成果要"察其所安"

"察其所安"就是去观察学生完成学习活动后的状态：他是就此打住，

不再回顾与反思自己的研究过程；或是另寻路径，探索更好的方法；抑或是扬扬得意，如河伯一样自以为"天下之美为尽在己"。

我们要有意识地去关注学生完成学习活动后的状态，以此来了解学生，进而因材施教，有意识地促进学生的发展。例如，"圆的认识"一课的学习活动如下：

画一画：想办法利用工具画一个圆。

说一说：和你的同桌说说你是怎么画的。

学生利用学习材料完成画圆任务后，他还会继续选择其他材料来画圆吗？他还会思考是否有更简洁的画法吗？他会思考这些方法之间的相同点与不同点吗？我们要去观察学生完成学习活动后的状态：他完成学习活动后是否安然自在？他对自己的学习活动作品是否满意？他和同桌交流时是否自信？他说话时眼神是否放松，节奏是否不疾不徐？

"察其所安"就是观察他的状态，观察学生完成学习活动后的状态能更清楚地看出一个人的学习品质、思维品质和价值观。

当然，有时候，学生觉得这样的作品就很好了，做到这样他们已经尽力了。他们的心就这样安于当下，这样也很不错。

《黄帝内经》里说"心安而不惧"，人生的最高境界是没有不安。

2.4 学习活动要凸显教学评一致性

学习活动需要学生在课堂上对关键问题进行深入、持续的探索，充分调动已有的数学基础知识和基本技能、数学活动经验和思想方法等，创造性地解决问题，形成个性化地解决关键问题的学习活动成果，获得对核心知识和学习历程的深刻理解并培养迁移能力。从本质上来说，学习活动实质上是一个小型的项目化学习，包含了教师怎么教、学生怎么学、学生学得怎么样三个方面的内容，形象地凸显了项目化学习的教学评一致性。

2.4.1 学习活动显示了教师怎么教

课堂教学是有目标的，教师要有效达成教学目标，就需要思考课堂教学的关键问题，明确什么是课堂教学的重点、难点，通过设计学习活动来凸显要教什么、怎么教、教学的要求是什么，也就是课标中所呈现的学业内容、教学提示和学业要求。

例如，"条形统计图"一课的关键问题是，让学生理解和体会条形统计图可以清晰地表示出各种数量的多少，让人一目了然的特点。为了让学生体会到条形图的特点，感受它的价值，我们需要用心构建学习活动。人教版教材提供的学习素材是 A 市 2021 年 8 月的天气情况（见图 2-21）。

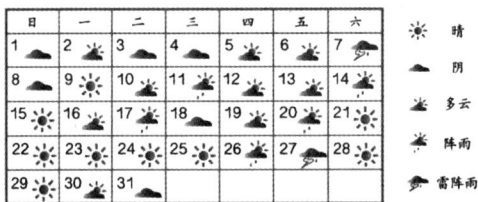

图 2-21 "条形统计图"教材素材

因此，学习条形统计图的关键是，让学生用自己喜欢的方式表示数据，特别是要"把它们清楚地表示出来"。这个关键问题的关键词是"清楚地"。那么我们不禁要问：什么是"清楚地"？要清楚地表示出什么？学生清楚地表示出来了吗？这三个问题实际上涵盖了学习活动的三个层次，凸显了教学评的一致性，其中对教学的要求是："怎样引导学生清晰地把各种天气情况的天数表示出来？"

学习活动对于教学的要求实际上就是这节课教学目标的重点，是基于教材研究和学生学情研究而确定的，指向的是课堂核心知识的再创造和再建构，强调的是促进学生对关键概念的理解和关键能力的培养，凸显了教师怎么教。

基于此,我们在确定教学要求时,要从学科本质上整体理解学科的关键概念和关键能力,从知识与知识之间的关系、知识与情境之间的关系对零散的知识进行提炼和升华,进而通过设计学习活动来凸显教学要求,明确教师要教什么的问题。

关于怎么教,应包含三个设计要素:学习情境、学习规则和学习工具。学习情境表达的是知识的意义化,如条形统计图,它让学生明确活动的目的是把各种天气情况的天数清晰地表示出来;学习规则指向的是学习的参与结构,就是让学生明确学习行为,利用图或表的形式把各种天气情况的天数表示出来;学习工具则是思维外显化的载体,要求学生必须用学习活动作品来清晰地描述和表达自己的思考过程。

2.4.2　学习活动凸显了学生怎么学

学习活动的目的是引导学生进行有意义的学习,教师对"知识和知识之间的关系""学生和知识之间的关系""学生和学生之间的关系"进行安排,设计可以让学生产生真实思维的学习情境和实践任务,从而让学生主动投入学习。

例如,"条形统计图"一课的学习活动,学生的活动目标是:"你能清晰地把各种天气情况的天数表示出来吗?"基于"能不能清晰地把各种天气情况的天数表示出来"的学习任务,学生的学习活动不仅是说或画,而且需要进行知识的再建构,要明确自己的学习成果是不是清晰地表示出来了,还有没有更清晰的表示方法,同时要思考为什么这样的表示是不清晰的,那样的表示是清晰的。

学生的学习活动指向的是"怎样把各种天气情况的天数清晰地表示出来",这凸显了学生是怎么学的。学生要能运用已有的知识和经验,通过分析与转换产生新的知识和经验,并且能够在行动中生动形象地表达和描述自己的学习活动成果。

在学习活动中,学生要经历思维冲突,经历观点碰撞,进行富有创造力的思考，展开包含知识、行动和态度的学习实践活动。

2.4.3 学习活动评价了学得怎么样

学习活动的目的是解决问题，产生可以物化的学习活动成果，更重要的是引导学生对学习活动成果进行展示、交流、分析和评价，通过学习活动成果的交流进而引导学生获得对数学知识和技能、经验和思想的深度理解。

通过学习活动，学生经历了用自己喜欢的方式整理各种天气情况数据的过程，特别是经历了如何"把它们清楚地表示出来"的思考和研究过程，那么他表示清楚了吗？清楚地表示出相关数据了吗？还有比他表示得更清楚的学生吗？为什么他没有很清晰地表示出来？

这就是对学习活动成果的评价，"条形统计图"一课中对学生学习活动成果评价的标准是："他清晰地表示出来了吗？"当我们把握了这个评价标准，就构建了学习评价的氛围和情境：他清楚地表示出来了吗？他清楚地表示出了什么？

学习成果的分享和交流围绕着学生的学习活动而展开，让学生在评价中感受和理解条形统计图的特点、价值和意义，有效地促进了学生对知识的深入理解，特别是学生从中得到了知识生长的力量，经历了问题解决，创造和系统构建了项目式学习框架。

学习活动中那些需要深入探索的节点是学生的学习难点，当学生经历过自主实践和探索，经历过交流和分享，经历过课堂风雨的"润"和课堂雷霆的"鼓"，课堂中的种种难题会因为师生之间、生生之间彼此思想和观点的感应、思维和语言的交流而自然而然地被解开，教师的教、学生的学、学习成果的分享和评价会彼此交互，构建教学评和谐一致的课堂生态和氛围。

3 课堂深耕使每一颗种子都能生长

有了关键问题，有了关键行动，我们就可以基于关键问题和学习活动去构建以学为中心的课堂框架，引导学生在学习活动中自主探索和研究关键问题，经历完整的数学学习活动过程，给予学生充分的时间和空间进行研究、交流和分享，发展学生的学科核心素养，培养良好的思维品质。

基于关键问题的课堂应关注课堂上师生关于生命的对话，应注重课堂教学内在的气脉贯通，应强化教师在深入备课基础上的胸有成竹。

3.1 课堂教学要强调师生对机

《庄子·齐物论》开篇第一段是南郭子綦和颜成子游的师徒对话，这一段对话给我们提供了一个课堂上如何进行师生问学的极好案例。南郭子綦以自己的"隐几而坐，仰天而嘘，荅焉似丧其耦"，引起了颜成子游的触见，就有了想说的话和想问的问题"何居乎"，然后就开始了师徒的对机。

"不亦善乎，而问之也"，这是生命的对机！师徒传习，皆要待机，课堂上的师生对话也应如此。《周易》里说"知至至之，可与言几也"，"几"就是"机"。"机"有"伺机、待机、得机、处机、断机"之意，如何伺机？如何待机？待机之后，怎样才能得机？如何处于机中？又该如何断机，开启新的行路呢？

3.1.1　课堂教学要伺机

什么是伺机？伺机就是教师用学生已有的生活经验和数学知识培养一个能够启发学生思考的"机"，由此开启学生的探索历程。

例如，在学生学习"认识毫米"时，我们可以通过引导学生回顾"对于测量物体的长度，你已经知道了什么"，梳理已经学过的关于厘米和米的知识。在此基础上提出问题：关于测量长度，你还想到了什么？

学生会想到什么呢？这时教师再"卖"个破绽，引导学生进行迁移和联想，浅者见浅，深者见深。有比较短的物体，就会有更短的物体；有比较长的物体，就会有更长的物体；还会有不长也不短的物体。这些物体要用怎样的单位去度量呢？这些单位是怎么得到的呢？它们之间有什么关系？这些问题就会从中生长出来，成为学生想解决和探索的素材。

这就是在伺机，在用学生已有的生活经验和数学知识培养一个能够启发学生思考的"机"。

这个"机"会出现吗？

3.1.2　课堂教学要待机

当我们用学生已有的生活经验和数学知识，培养了一个能够启发学生思考的"机"，这个"机"能否出现呢？这就需要我们好好地对待这个"机"，要待机，用心对待和等待，开启课堂师生的对话。

例如，"认识毫米"一课的"机"就在这个问题里：量一量，你发现了什么？（见图3-1）

量一量：你发现了什么？

图3-1　"认识毫米"课堂学习活动

发现了什么？发现了这条线段比7厘米长，比8厘米短，发现厘米已经不够用了。师生传习的机开始出现："你能用自己的方法去研究怎样表示多出来的这一段的长度吗？"

"能表示出这条线段的长度吗？"教师在待机，学生也在待机。这是在测量一个更短的长度，厘米已经不够用了，那么就需要一个更小的长度单位来测量。怎么创造这个更小的单位呢？这个单位是什么呢？这个单位和厘米有什么关系呢？

这是学生经历创造一个新的单位去表示更短的长度的机会，机不可失，时不再来。对于这样的好机会，我们不能错过，要给予学生机会，给他充分的时间和空间，让学生去探索、去操作、去创造。

3.1.3　课堂教学要得机

待机不仅是等待好的时机，更应该是用心对待时机，只有安心等待，用心对待，才能让师生得机，从活动中发现问题、解决问题，获得和发展核心素养，发展思维能力。

当学生有愤有悱，我们就要引导学生去展开研究和探索。

《庄子·大宗师》里说，"以其知之所知，以养其知之所不知。"我们让学生根据已有的"知"去养"不知"，去探索解决问题的方法。他们会得到什么呢？只有通过自己的独立思考，眼中所见的文字、物象才有可能化为觉悟的力量，犹如木铎，唤醒我们的思想。这就是得机。

比如，"认识毫米"一课的课堂学习活动要求：请用写一写、画一画等方式表示图 3-1 中线段的长度。

学生会得到什么呢？我们来看学生在课堂学习活动中的表现（见图 3-2 至图 3-4）。

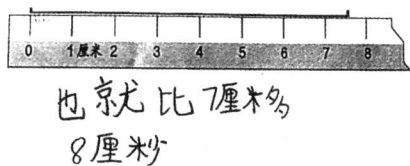

图 3-2　"认识毫米"学生学习活动作品（一）

有得机吗？可以看出这个学生还停留在原有的经验和思想中，没有对问题产生新的思考。

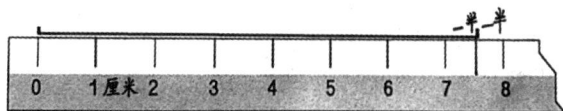

图 3-3 "认识毫米"学生学习活动作品（二）

有得机吗？还差一点，但是一个新的单位"一半"在启迪着学生向前行走，在引领学生做进一步的探索。

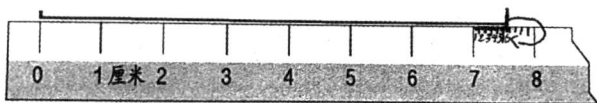

图 3-4 "认识毫米"学生学习活动作品（三）

有得机吗？一个新的单位被创造出来了。数源于数，一个一个单位地数过来，1、2、3、4、5、6，有这样的 6 个单位。多出来的长度就是 6 个这样的单位，就是 6 毫米。

这就是学生在待机的过程中，通过自己的动手实践和合作交流，发现了怎么得到新的长度单位并去表示更短的长度的过程。学生得机了！

学习犹如叩钟，钟声永远敲不完，声音也时时不同，因为学人不同，所以得机也不同，呈现出不同的思维水平。

3.1.4　课堂教学要处机

得机之后，还要处机。处，就是居，就是止，就是安。《大学》里说，"知止而后有定，定而后能静，静而后能安，安而后能虑，虑而后能得"。处机就是要让学生安居在这个机中，获得更多的发现，构建知识模型，沟通联系，形成良好的认知结构。

学生通过学习活动，创造了毫米，认识了毫米，此时更要深入理解毫米。在研究中，学生明白了毫米是把 1 厘米等分成 10 份，这样的 1 份就是 1 毫米，

1厘米里有10个1毫米,我们应即时追问:像这样的"10毫米=1厘米"结构,你在哪里见过?

在哪里见过?在学习数数时见过,在认识人民币时见过,这就是以前学习过的"满十进一",这是"满十进一"的长度模型。厘米和毫米是满十进一,其他的长度单位呢?通过这样的引导,学生就有了看待长度单位的数学眼光。

接下来,我们怎么记录图3-1中线段的长度呢?可以只用毫米作单位来记录,也可以用厘米和毫米一起作单位来记录。两种记录长度的方式,内在包含了两种单位的关系,有效地促进了学生对厘米和毫米的进一步理解。

种种活动,都是处机,都是对"机"的叩响,或交响,或独鸣,有响无响,皆与得机相关。不得机就是无响;得机就会有响,或大或小。

3.1.5 课堂教学要断机

从伺机到待机,从待机到得机,从得机到处机,处机之后就是断机。什么是断机?断机就是要走出去。

当学生知道和理解了毫米是用来度量更短的物体时,我们要适时地给出以下问题:生活中测量哪些物品会用毫米作单位?当学生给出的答案都是生活中一些常见的物品(如大米、黄豆等)时,要及时进行断机。

教师出示图3-5中的物品,引导学生观察:你有什么发现?思考:为什么微波炉的尺寸用毫米作单位?

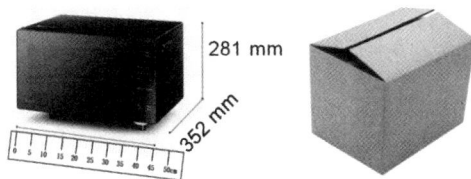

图3-5 "认识毫米"课堂学习素材

我们要引导学生不停留在已有的收获中，要走出去，开启新一轮的待机而动。断机，就是断掉已有的成见，让学生明白用毫米作单位可以更精确，毫米在生活中有很大的用处。同时，要引导学生进一步理解，为了更精确地表示长度，还有很多新的测量工具和单位等待着我们去发现。

断机，可以让我们更好地站起来，走出去。

3.2 课堂教学要注重一气周流

孔子说："谁能出不由户？何莫由斯道也？"知识之间是有内在联系的，从整体视角上看，很多学习内容之间具有内在的一致性。因此，课堂教学应注重知识之间的内在联系，挖掘其内在的一致性。这个一致性就是教学的大路，但是很多人不愿意走大门大道，怕会被别人一眼看穿，怕太简单了展现不出自己的水平。简单的事，人们就是不想做，就想"足不由户"，要走不寻常路，要走偏道，自搞一套，人为断掉知识间的一致性。

3.2.1 课堂教学要溯本求源

课堂教学应溯本求源，要探求知识的源头是什么，和以前学习的知识有什么内在的联系，要厘清内在的脉络，思考如何在已有的路上继续前行。例如，人教版三年级下册"除数是一位数的除法"单元内容，它的源头是什么？和以前学习的知识有什么联系？

我们来看教材，教材首先编排的是口算除法，给出的学习素材如图3-6所示：

把60张彩色手工纸平均分给3人，每人分得多少张？

$$60 \div 3 = \underline{\qquad}$$

图3-6 "口算除法"课堂学习素材（一）

60÷3是学生第一次遇见不能用乘法口诀直接计算的除法，那么如何利用乘法口诀进行口算呢？能转化成表内除法来计算吗？教材提供的素材就是在引导学生探索用6÷3计算60÷3的算理和算法（见图3-7）。

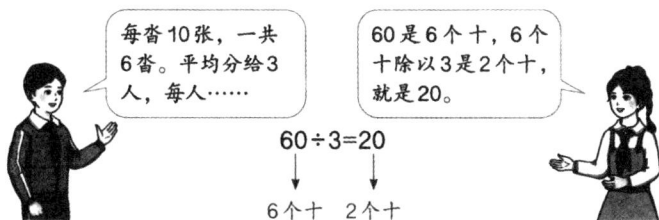

每沓10张，一共6沓。平均分给3人，每人……

60是6个十，6个十除以3是2个十，就是20。

$$60 \div 3 = 20$$

6个十 2个十

图3-7 "口算除法"课堂学习素材（二）

因为60÷3可以看作"6沓÷3"或者"6个十÷3"，所以它可以用6÷3去计算，算得的结果是（6÷3）沓，是（6÷3）个十。同样，600÷3就是（6÷3）个百，120÷3就是（12÷3）个十。

有了这样的算理理解和算法把握，如果把60换成66，该怎么计算呢？

把66张彩色手工纸平均分给3人，每人得到多少张？

$$66 \div 3 = \underline{\qquad}$$

图3-8 "口算除法"课堂学习素材（三）

66÷3和前面的除法算式有什么不同？它不是几个十除以3，也不是表内除法，和前面学习的算法都不一样，怎么办？还能继续用表内除法的算法进行口算吗？我们要引导学生做进一步思考，体会66÷3、60÷3、6÷3内在的一致性。

看图想一想，还能用表内除法口算66÷3吗？

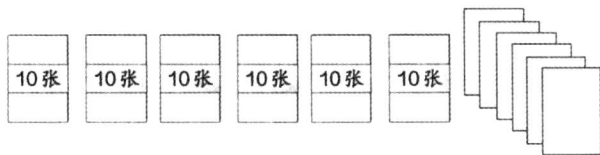

| 10张 | 10张 | 10张 | 10张 | 10张 | 10张 |

图3-9 "口算除法"课堂学习素材（四）

一句口诀不行，那就用两句口诀。66÷3的算式中包含了60÷3和6÷3，是（6÷3）个十和（6÷3）个一的和，所以就有了这样的三步算法：60÷3=20，6÷3=2，20+2=22。

用这样的眼光去看除法算式，看到的都是乘法口诀，都是九九乘法表。

通过溯本求源，我们发现除数是一位数的除法虽然比表内除法复杂，但是从整体视角去看，它们都一样，都可以用表内除法的算法去计算，本质上还是表内除法。由此，我们就能把握课堂教学的关键，设计相应的学习活动解决关键问题。

那么笔算呢？42÷2的竖式笔算呢？除法的竖式笔算实际上就是在竖式上表示口算过程，就是把用表内除法进行口算的过程换一种形式表示而已。从源头上来说，都是表内除法的变化和生长。

3.2.2 课堂教学要善借东风

《庄子·逍遥游》里说"而后乃今培风"，因为"风之积也不厚，则其负大翼也无力"。没有风，大鹏难以飞行，因此，积风是每个生命成长过程中要做的储备。课堂教学中我们应善于借东风，让"好风凭借力，送我上青云"。那么，课堂上需要怎样的风呢？我们又如何培风呢？

例如，人教版五年级上册"小数乘整数"一课，教材一开始呈现的是一个购物情境（见图3-10）。

图3-10 "小数乘整数"教学素材（一）

教材给出的第一个问题是：9.5元/个的蝴蝶风筝，买3个蝴蝶风筝需要多少元？类似 9.5×3 这样的小数乘整数的数学现象开始进入学生的数学学习生活。基于学生已有的知识和技能，教材提供了两种算法（见图3-11）：

小红这样算：

$$
\begin{array}{r}
9.5 \\
9.5 \\
+\ 9.5 \\
\hline
28.5
\end{array}
$$

小亮这样算：

9.5元 = 9元5角
9元 × 3 = 27元
5角 × 3 = 15角
27元 + 15角 = 28.5元

图 3-11 "小数乘整数"教学素材（二）

这两种算法的呈现，就是在"培风"。加法是学生已掌握的算法，把9.5元看作9元5角则是基于小数的实际意义进行计算，两种算法都是把新知转化成旧知，用已有的经验解决新问题。

如果止于类似的转化，对于"培风"还是不够的，因为我们更需要的是"何由以知其所以然"。所以，我们需要引导学生"察同"，要比较这两种算法有什么相同的地方。

哪里相同？第一种算法是加法，分别把十位上的数和个位上的数加在一起，实际上也是角位和元位上的数分别相加，凸显了15个角和27个元的和；第二种算法是分别把3个9元和3个5角的积算出来，再加在一起。因此，两种算法的共同特点是：使用了两个币值单位元和角进行计算。

我们看一下第三种算法（见图3-12），就可以清楚地发现图3-11中两种算法的区别。

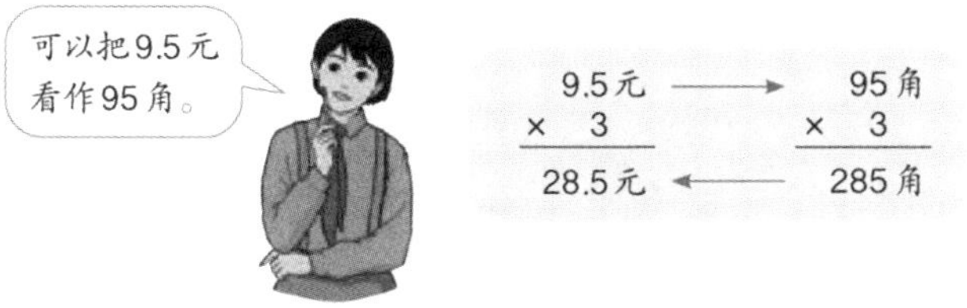

可以把9.5元看作95角。

$$
\begin{array}{r}
9.5\text{元} \\
\times\ \ \ 3 \\
\hline
28.5\text{元}
\end{array}
\quad\longrightarrow\quad
\begin{array}{r}
95\text{角} \\
\times\ \ 3 \\
\hline
285\text{角}
\end{array}
$$

图 3-12 "小数乘整数"教学素材（三）

它和前面两种算法有什么不同？可以看出：

算法1、算法2：用了元和角——两个币值单位；算法3：只用了角——一个币值单位。

从这个视角去看图 3-13 中的"做一做"。

✏️做一做

1️⃣ 买6个 🦋 需要多少钱？　2️⃣ 40元买7个 🦋 够吗？

图 3-13 "小数乘整数"教学素材（四）

我们可以得到：

14.2 元 ×6=142 角 ×6=（142×6）个角

6.8 元 ×7=68 角 ×7=（68×7）个角

用一个币值单位去计算，小数乘法就转化成了整数乘法，变成了（142×6）个角、（68×7）个角，小数乘整数算法的背后就有了"象"的支撑，有了实际意义的支撑。三种解决 9.5×3 的算法，都是基于小数实际意义的支撑，凸显了从小数意义的角度去思考和寻找小数乘法的算理和算法。风已经开始启动，我们可以让风来得更猛烈些！

教材另呈现了"0.72×5=（　）"计算内容（见图 3-14）：

0.72 × 5 = _____

0.72不是价钱，怎样计算？

能不能转化成整数来计算？

图 3-14 "小数乘整数"教学素材（五）

0.72×5 和前面的算式有什么不同？可以发现 0.72 不是钱数，不能如前面一样化成一个币值单位来计算。因此，教材提出了以下问题：0.72 不是价钱，怎样计算？

不是价钱，怎样计算？它也能像价钱一样，化成一个单位来计算吗？根据什么来化成一个单位呢？怎样化成整数来计算呢？如果仅仅是从积的变化规律的视角把 0.72 转化成 72 来计算，就会让小数乘法缺乏"象"的支撑，缺乏意义的支撑，也就失去了引导学生体验意义和算法一致性的极好机会。

因此，我们不从积的变化规律的视角去看，而是从计数单位的视角去看，要善借计数单位的东风。从计数单位的角度去看，你能看懂算法吗？我们可以看到：$0.72 \times 5 = 72 \times 5 \times 0.01 = 360 \times 0.01 = 3.60$（见图3-15）。

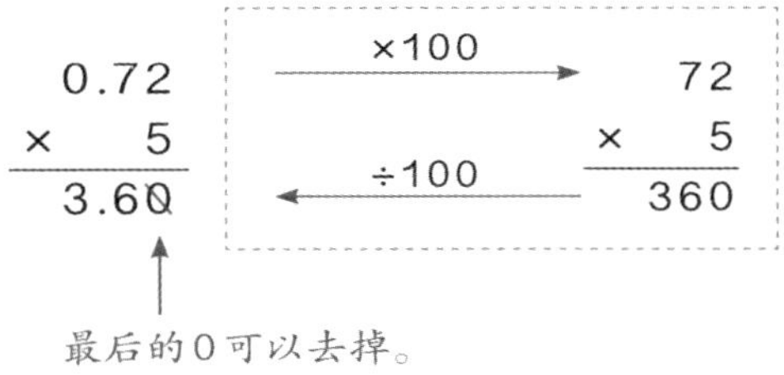

$$
\begin{array}{r}
0.72 \\
\times \quad 5 \\
\hline
3.60
\end{array}
\qquad
\begin{array}{c}
\xrightarrow{\times 100} \\
\xleftarrow{\div 100}
\end{array}
\qquad
\begin{array}{r}
72 \\
\times \quad 5 \\
\hline
360
\end{array}
$$

最后的0可以去掉。

图3-15 "小数乘整数"教学素材（六）

它的结构和9.5（元）×3是一致的，它的意义和9.5（元）×3是一致的，是由前面环境生长出来的，是靠着计数单位的风升上去的，而没有另起炉灶。有人说：方法的理解和运用最终都要追溯到数的意义。小数乘法亦复如是。

三种算法的呈现，实际上是构建了一个时空，在这个关于币值单位的时空里，应该能生长出计数单位的花。一切的生发都与它的时空有关，春天有春天的样子，夏天有夏天的样子。

风是什么？风在给小数乘法做媒，把计数单位，把小数的意义和算法联系在一起，从本源上引导学生理解小数乘法的算法。我们应善于借风，善于给不同的数学知识和内容做媒。

有了"象"，有了意义的支撑，算式不变，我们看小数乘法的眼光变了。

教材编排的习题（见图3-16）是让学生想一想它们有什么不同，实际上有什么不同是次要的，比较它们有什么相同更有价值。有什么相同？它们的结构和意义都是一致的：

（7×4）个一；（7×4）个0.1；（25×5）个一；（25×5）个0.1。

7	0.7	25	2.5
× 4	× 4	× 5	× 5

想一想：小数乘整数与整数乘整数有什么不同？

图 3-16 "小数乘整数"教学素材（七）

庄子说"以其知之所知以养其知之所不知"，这是治学之大法。我们要以风为媒，引导学生通过可看的图、可认的数学符号和语言，认清那些藏在背后的看不见的东西，那些真正有价值、有意义的东西。

3.2.3 课堂教学要本立道生

课堂教学要思考根本问题，要探索如何培养学生的学科核心素养，这就要求我们在课堂教学中应基于关键问题设计学习活动，进而引导学生通过研究根本问题提升自己的关键能力和必备品格。

例如，人教版五年级上册"可能性"一课，这是学生第一次直面随机现象，开始用数学的眼光观察生活中的概率问题，用数据分析意识对数学现象作出判断和推理。

"你抽到了什么？"这是学生很熟悉的生活情境（见图 3-17）。三张卡片上分别写着唱歌、跳舞、朗诵，教材安排了"三抽"：小明会抽到什么？小丽会抽到什么？小红会抽到什么？

联欢会上小丽、小红、小明三名同学抽签表演节目，三张卡片上分别写着唱歌、跳舞、朗诵。

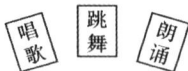

卡片倒扣在桌面上。

唱歌　跳舞　朗诵

小明第一个抽签，他可能会抽到什么节目？

图 3-17 "可能性"教学素材（一）

小明会抽到什么？没有其他的语言，只有"可能"：他抽到的可能是唱歌，可能是跳舞，也可能是朗诵。只能用"可能"来描述小明抽到什么，这是学生第一次有意识地用数学语言"可能"来描述随机现象。

这种语言和我们以前学习的数学语言有什么不同？以前我们学习的数学语言都是肯定的、一定的，这种语言却是不确定的。面对不确定的事件，就有了"可能"的数学表达。

图 3-18 "可能性"教学素材（二）

小丽会抽到什么？有了用"可能"描述随机现象的数学经验，学生就有了自己的表达：小丽可能抽到唱歌，小丽可能抽到朗诵。还可以怎么说？数学语言词穷了，无法表达了，但是话锋一转，我们还可以表达：小丽不可能抽到跳舞。从正反两个方面来描述小丽可能抽到什么，这就是孔子所说的"叩其两端而竭焉"。

"小丽抽到了朗诵，最后只有一张了。小红会抽到什么？"小红会抽到什么？她和前面两个人面对的事件有什么不一样？她面对的事件不是随机的，而是确定的。怎么描述呢？还用可能吗？用不可能吗？用数学语言描述，我们的表达是：小红抽到的一定是唱歌。

"三抽"之后，学生就有了三种描述事件发生的方式：可能、不可能和一定。学生能用"可能、不可能、一定"来说清楚遇到的数学现象吗？如果说前面是课堂中的学生第一次说，那么接下来的就是课堂中的学生第二次说（见图 3-19）。

✐ 做一做

分别从右面两个盒子里摸棋子。
（1）哪个盒子里肯定能摸出红棋子？
（2）哪个盒子里可能摸出绿棋子？
（3）哪个盒子里不可能摸出绿棋子？

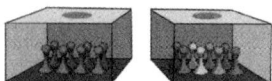

图 3-19 "可能性"教学素材（三）

学生在用数学语言描述摸出棋子的颜色的数学活动中，其他学生可以评价：他说清楚了摸出的棋子是什么颜色了吗？还能说得更好吗？同样是"可能"，四种颜色中谁的可能性最大呢？谁的可能性最小呢？

可能性的数学描述可以是有可能、可能比较小、很有可能、极有可能，从这样的数学描述中自然能够体会到可能性是有大小的。可能性真的有大小吗？耳听为虚，眼见为实，自然就有了下面的实验（见图 3-20）。

小组活动：在右面这样的盒子里轮流摸棋子，每次摸出一个，记录下它的颜色，再放回去摇匀，重复20次。

图 3-20 "可能性"教学素材（四）

这是实证，这是学生亲身经历验证自己的数学推断的过程。从有可能到极有可能，从对可能性的质性描述到量化描述，是学生思维发展的重要节点。

"通过实验，你能进一步说清楚他会摸出什么棋子吗？"（见图 3-21）

再摸一次，摸出哪种颜色棋子的可能性大？

图 3-21 "可能性"教学素材（五）

这是用数学语言表达现实世界的生动演绎：摸出绿色棋子的可能性小；摸出红色棋子的可能性大。每一次描述都比前一次更加深刻，更加丰富和细致。再摸一次，不是问摸出的是什么，而是问"摸出哪种颜色棋子的可能性大"，还是要用数学语言表达。

用数学语言表达的过程，就是体会随机事件和确定事件特征的过程，即理解可能性大小的过程。如果说用数学语言表达的过程是算理的话，那么图 3-22 中的例题就是算法表达，即"有什么用"的呈现过程。

图 3-22 "可能性"教学素材（六）

算理为本，算法为用，"可能性"教学的重点是理解概念，理解算理。只有理解了"是什么"和"怎么得到"，才能从根本上解决"有什么用"的问题。所以课堂教学要务本，因为"君子务本，本立而道生"。

3.3 课堂教学要强化胸有成竹

备课是教师必备的基本功，课前备好课是对教师教学的基本要求。《灵枢·通天》里有这样一段话："愿略闻其意，有贤人圣人，心能备而行之乎？"只有通过备课，教师才能胸有成竹，心里才能关于课堂教学过程和结果构思的"象"，而上课就是把这个构思的"象"落实的过程。胸有成竹就是心中有"象"、眼中有光，同时还应关注课堂教学形式和本质的呼应。如果心里无"备"、无"象"就去行动，往往会陷入"妄行"。不可不慎！这就是备课的价值和意义。

3.3.1 课堂教学要心中有"象"

"象"思维是中国人特有的诗性思维方式，中国传统文化非常注重和强调"象"思维。"象"通常指客观事物表现于外在的现象、形象。一切可以看到的、闻到的、听到的、能触及的、可感知的，都是"象"。天地之间，万物以"象"的形式表现出来。数学知识也是如此，如果以"象"的形式表现出来，就可以有效促进学生的深度学习和理解。知识的背后都有个"象"，教师在备课时要深化自己对数学知识表现出来的"象"的理解和把握，以促进课堂的有效教学。

三角形是非常重要的基本图形，对于学生的后续学习具有重要的价值和意义。人教版四年级下册教材以三角形的特性、三角形的分类、三角形的内角和三块内容来编排，引导学生认识和研究三角形。

人教版教材以"三角形的特性"作为开篇，编排了认识三角形、三角形的稳定性、三角形的三边关系等内容。其中，认识三角形蕴含了对三角形特征的认识，教材先编排了"画一个三角形"的教学内容，后编排了"说一说三角形有几条边，几个角，几个顶点"的数学活动。

从看到的三角形到画下来的三角形，这是一个有趣的过程，我们可以提出很多问题：学生会怎样画三角形？你想让学生怎样画三角形？你想让学生画出怎样的三角形？你想让学生在画三角形的过程中体会到什么？

心能备，才能行。我们心里想好了什么，才会用眼睛去寻找方向和证据。

有一位教师在上课的时候，设计了以下三次画三角形的数学活动（见图 3-23）。

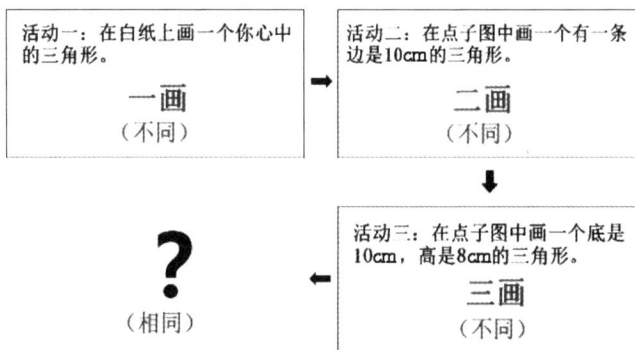

图 3-23 "三角形的特性"课堂学习活动（一）

第一次画的意图是让学生明白怎样的图形是三角形，概括出不同的三角形都有三条边、三个角、三个顶点；第二次画的意图是让学生明白画一个有一条边相同的三角形会呈现两类不同的样式，也就是高相同和高不同两类；第三次画的意图是让学生明白一条边相同且对应的高也相同的三角形有很多。第三次画的三角形的相同点用数学语言描述就是等底等高。

有了三画，就有四画，第四次画的任务是"怎样画一个相同的三角形"，从单元整体视角来看，这就是之后所要研究的"三角形的稳定性"。

这位教师设计的三次画三角形的学习活动是一个非常好的研究素材，第一次画：根据不同的三角形都有三条边、三个角和三个顶点的特征给三角形下定义；第二次画：共一条边的三角形具有不同的高，引出了高的表象；第三次画：具有相同的底和高的多个三角形，强化了等底等高的"类"，为后续学习做好了铺垫。包括后来的第四次画，你会发现这位教师布置活动前心中都有个"象"，学生依据此"象"每次画出来的三角形，其特征或特性都能清晰地显示出来。

第一次画三角形，有个很有趣的细节，当学生在黑板上画了两条边之后，教师适时地卖了个关子：第三条边会是怎样的呢？学生的回答非常棒，他说"三条边要手拉手"，形象生动地凸显了"每相邻两条线段的端点相连"。要手拉手，就要把端点连接在一起，这就是三角形的"象"。

给你三个点，你会画三角形吗？把三个点连接在一起，就是把三条线段中的每相邻两条线段的端点相连，枯燥的描述和动作有了形象的"手拉手"的加持，教材上刻画的三角形定义顿时生动了、活泼了。

第二次画三角形，画有一条边是 10 cm 的三角形，要特别重视展示学生的作品时既要察异，更要察同。要引导学生对所画的三角形进行分类，发现所画的三角形中有些已知的 10 cm 的边所对应的点离它的距离不同，更要让学生发现有些三角形中的点离 10 cm 的边的距离是一样的，有意识地凸显"点到对边的距离"的概念，为接下来的第三次画埋下伏笔。

第三次画是有形的 10 cm 的底和对应的顶点基于同样的距离的过程，是寻找离底距离相等的点的过程。在前两次画的基础上，第三次画可以借鉴某位教师的活动设计，我作了如下修改（见图 3-24）。

在三角形 ABC 中，线段 AB 长 10 cm，
顶点 C 到线段 AB 的距离为 6 cm。

10 cm

图 3-24 "三角形的特性"课堂学习活动（二）

有形的底和顶点的背后是无形的高，顶点 C 到线段 AB 的距离是 6 cm，这是确定 C 的位置的背后的力量。顶点 C 到线段 AB 的距离是 6 cm，你怎么知道是 6 cm？ 6 cm 在哪里？从无形到有形，高就这样浮出了水面，出现在三角形中。

画的三角形是不一样的，智者察同，它们有什么是一样的？怎样用一句话来概括它们的一样？它们的底是一样的，顶点 C 到底的距离是一样的，高是一样的。用一句话概括就是：等底等高。

在这个画三角形的数学活动过程中，学生经历了画任意一个三角形、画一条边相等的三角形、画底和高相等的三角形的过程。在这个过程中最重要的是教师的心里有没有三角形的"象"，有没有在心中备好行动方案。

3.3.2 课堂教学要眼中有光

老子说："故常无欲，以观其妙；常有欲，以观其徼。"有人说："有欲是睁眼看世界，无欲是闭眼观世界。看，是你去寻找，观，是等它出现。"课堂教学中，教师在睁眼看和闭眼观之间，要眼中有光，用心记录学生的精彩，就怕"总是拍照，便忘了风景"。

例如，人教版三年级上册"数学广角"中的集合问题。

集合问题是生活中经常会遇见的数学现象。如图 3-25，参加跳绳的学生和踢毽子的学生是有重叠的，他们有的既在跳绳队里，又在踢毽子队里。对于这样的数学现象，可以用怎样的数学语言来描述呢？构建的数学模型又有怎样的价值呢？

下面是三（1）班参加跳绳、踢毽比赛的学生名单。

跳绳	杨明	陈东	刘红	李芳	王爱华	马超	丁旭	赵军	徐强
踢毽	刘红	于丽	周晓	杨明	朱小东	李芳	陶伟	卢强	

参加这两项比赛的共有多少人？

图 3-25 "集合问题"教学素材（一）

从教材的编排脉络来看，先是呈现素材，引导学生用数学的眼光去观察、发现生活中的重叠现象（见图 3-26）。

图 3-26 "集合问题"教学素材（二）

为什么参加比赛的没有 17 人？根据已有的解决问题的经验，学生自然会得出 9+8=17。但是为什么没有 17 人呢？重叠现象开始进入学生的数学学习时空（见图 3-27）。

图 3-27 "集合问题"教学素材（三）

"我发现有的人两项活动都参加了，我把两项都参加的人连起来，发现'有 3 个重复的'。"这是学生第一次开始有意识地、自觉地面对重叠现象，开始思考如何用数学语言描述重叠现象的学习活动。

"怎样表示能清楚地看出来呢？"针对这一问题，我们可以提出以下问题：要表示什么？为什么要表示？用什么方法来表示？怎样表示才能让人清楚地看出来？要看出些什么？怎样才是清楚的？还有更清楚的吗？

表示的前提是明确目的，目的明确了，方向就有了，朝着方向前进的力量也就有了。方向错了，就会南辕北辙。可以发现，用数学语言表示的目的是：让学生可以清楚地看出每个队里各有多少人，重叠的有多少人，不重叠的有多少人，一共有多少人。

那么，学生会怎么表示呢？他们在学习活动中会给我们带来什么惊喜呢？一位教师上课时，用了类似的素材。我们来看这堂课上学生的学习活动作品（见图 3-28 至图 3-33）。

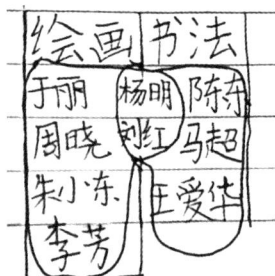

图 3-28　学生学习活动作品（一）

这幅作品表达清晰吗？能让你清楚地看出什么？

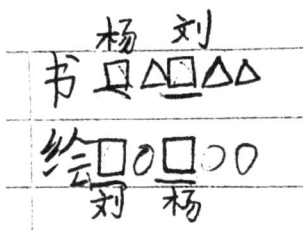

图 3-29　学生学习活动作品（二）

这幅作品表达清晰吗？能让你清楚地看出什么？和前一幅作品比较，哪个让你看得更清楚？

图 3-30 学生学习活动作品（三）

这幅作品表达清晰吗？能让你清楚地看出什么？

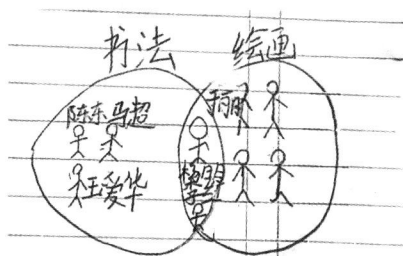

图 3-31 学生学习活动作品（四）

这幅作品表达清晰吗？能让你清楚地看出什么？

图 3-32 学生学习活动作品（五）

这幅作品表达清晰吗？能让你清楚地看出什么？

图 3-33　学生学习活动作品（六）

这幅作品表达清晰吗？能让你清楚地看出什么？

"乱花渐欲迷人眼"，我们需要的是慧眼，要眼中有光，从乱花中找出"花魁"。你觉得哪些作品更清楚？你最喜欢哪幅作品？为什么？

选择的标准：这幅作品表达清晰吗？能让你清楚地看出什么？为什么教材呈现的是图 3-34 中的描述方式？为什么你最喜欢图 3-34 中的描述方式？

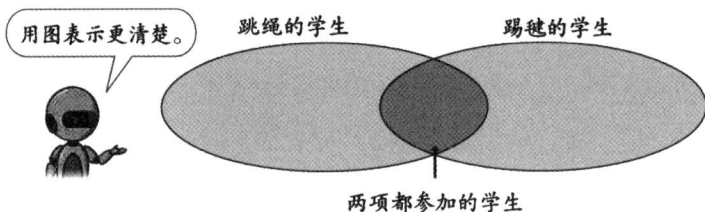

图 3-34　"集合问题"教学素材（四）

为什么最喜欢图 3-34 中的描述方式？因为它不仅清楚地表示出参加跳绳的学生人数，参加踢毽的学生人数，两个项目都参加的学生人数，而且能看出只参加跳绳的学生人数，只参加踢毽的学生人数。清晰简洁的数学语言，让人一目了然，而这种语言形成的过程正是数学的美和魅力展现的时机。机不可失，时不再来，需要让学生好好体会。有了数学语言的描述，就可以清楚地看出数学现象中的数量和数量之间的关系，也就有了进一步的数学表达：想一想，怎样列式可以解答一共有多少人？

如果说前面用图表达的过程是算理，那么这里列式解答的过程就是算法，把握算法只有在理解算理的基础上才能水到渠成。因此，列式解答是在用图表示的基础上进行的，是基于图而来的，无论算法是5+6-2，还是3+2+4，抑或5+4、6+3，种种算法的背后都有个"象"。

这种能让人清楚地看出数量与数量关系的图就是韦恩图。那么学生会使用这种数学语言吗？这种语言能用来描述什么呢？现实世界中可以描述的有很多。

观察图3-35，我们需要思考的是：这些动物用韦恩图表示的目的是让人清楚地看出什么？这些水果用韦恩图表示的目的是让人清楚地看出什么？

把下面动物的序号填写在合适的圈里。

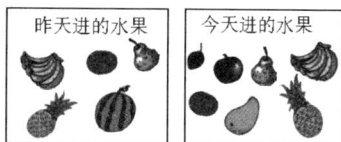

（1）两天一共进了多少种水果？
（2）你能提出其他数学问题并解答吗？

图3-35 "集合问题"教学素材（五）

这节课的关键问题是"怎样表示可以让人清楚地看出来？"因此，后续的练习和作业也应该围绕这个关键问题设计。对于这节课来说，"怎样表示"是体，"看出什么"和"怎么列式"是用。体和用是两个非常重要的哲学概念，值得我们细细体味。最重要的是，我们要眼中有光，发现能凸显关键问题的学生作品，发现解决问题的核心所在。

3.3.3 课堂教学要形神相应

课是由很多要素组成的，如果我们把课看作一个人的话，血气、骨骼、五脏可以看作一节课的基本框架。这个框架已经构建好了，气血流通，血脉调和，有了一节课该有的东西。但是，这还不是一节好课，不是能散发亮点的课，因为没有"神气舍心"。这个"神"还没有住到课里来，没有神采，没有魂魄。只有"神气舍心"，形神相应，才能成为一节好课。

例如，五年级上册"折线统计图"一课，这与学生以前学习的条形统计图不同，折线统计图对应的是数量的增减变化，它可以更好地反映数据的增减变化情况。人教版教材提供的素材很清楚地表明了这一点，无论是体温变化素材，机器人大赛参赛队伍素材，还是1998—2021年全国总人口数统计情况，都是在凸显"变化"这个关键信息。

变化是一种现象，是一种形式，如何表达和描述这种形式呢？需要凸显变化本质的样式与之对应，新的数学对象要与变化的数学现象相应相合，形与神只有相互契合，才能不别扭地、完美地表达数学现象。那么，我们就要思考：怎样凸显变化？应提供怎样的变化素材？怎样对待变化？应用怎样的方式去描述这种变化？如何基于变化来展开折线统计图教学？

形是什么？形就是变化，就是发生变化的现象。这样的现象有很多，我们需要引导学生去观察，去发现。例如，出示图3-36，让学生观察和表达：你有什么想说的？

图3-36 "折线统计图"课堂教学素材

学生对体温的起伏变化是有体验的，那么，学生可以举出类似的素材吗？要学生基于自己的生活经验举例，这是对学生已有经验的激活，也是接下来学生学习研究的素材。

有哪些呢？有很多，如一个人的身高变化，一年四季的气温变化，机器人大赛参赛队伍的数量变化，我国每年出生人口的数量变化。类似的素材有很多，它们有什么共同特点？我们该怎样用数学语言描述这种变化呢？折线统计图教学的关键问题就是：怎样用数学语言描述这种变化或数学现象？如果说现象是"形"的话，语言就是"神"，两者只有相应才能让人感觉舒服和愉快。

　　显然，用条形统计图不能很好地描述变化，两者不是非常相应。那么，如何破解关键问题呢？我们可以设计以下基于关键问题的学习活动来对应这种现象，进而推进关键问题的破解。

　　试一试：你能用统计图表示表 3-1 中学校请假人数的变化吗？让人一眼就看清楚人数是怎么变化的。

表 3-1　学校 12 月 5 日—12 月 14 日发烧请假人数统计表

日期	5 日	7 日	9 日	12 日	14 日
人数	5	10	21	27	42

　　学习活动的任务是"你能用统计图表示学校请假人数的变化吗？让人一眼就看清楚人数是怎么变化的"。学生会怎么表示呢？学生通过自主研究，表示方法一般有两种（见图 3-37、图 3-38）。

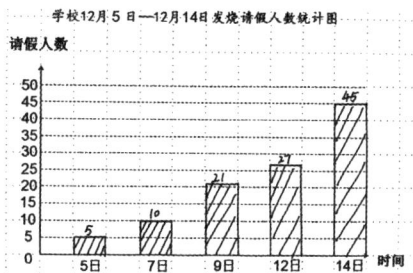

图 3-37　学生学习活动作品（一）

　　学生有清楚地表示出请假人数的变化吗？显然，用条形统计图来表示这种变化是不够的，那么，可以用什么样的统计图来清楚地描述请假人数的变化呢？

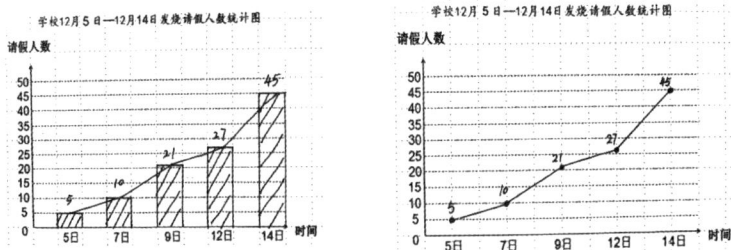

图 3-38 学生学习活动作品（二）

折线统计图的出场就成了自然而然的需要，它的价值就是对应这种变化，在对变化现象的描述和表达中，折线统计图使得数学语言和数学现象完美相应。我们可以进一步引导学生比较条形统计图和折线统计图哪个能更清楚地表示出请假人数的变化，让学生深刻理解折线统计图的特点。

只有当数学语言与数学现象完美相应时，才能呈现课堂教学的和谐。有了相应，学生才有了数学的眼光和相应的数学语言，进而才会用数学的眼光去观察生活，用数学语言去描述生活中感兴趣的事物的变化情况。

课堂教学本质上是一种关系学，是关于数学现象和数学语言的关系学。我们应让数学语言与数学现象相对应，乃至与之相应，如此，方可体现出数学课堂教学的水平层次的不同。形神相应的课堂才是和谐的课堂、师生心情愉悦的课堂。

但是很多时候，我们呈现的教学过程似乎与数学现象是对立的，教师在教学过程中是硬讲的，是灌输的。因此，我们应学会自检，学会反思自己的教学语言与之是否对立。要努力让自己从对立走向对应，走向相应。

与万物相应，而不是"相刃相靡"。每天醒来，都能用心去拥抱万物，多好！

4 素养作业让每一颗种子都有力量

有人将作业作为达成课程目标的一种"学习活动",认为作业就是一个学习过程,是课程的重要组成部分或关键环节,强调作业设计的综合性、情境性,是培养学生思维能力、兴趣等的有效方法。

《浙江省义务教育阶段学科教学基本要求(2021版)》中指出,作业设计的要求是"紧扣目标、促进思维、形式多样、分层要求",提倡探究性、开放性和生活化的作业设计。那么,基于关键问题的作业设计该如何凸显"紧扣目标、促进思维、形式多样、分层要求"呢?我们要探索作业内容如何紧扣关键问题,要思考作业的基本内容来源于何处,要研究作业内容如何基于关键问题进行改编。

我们要深入分析教材,精准定位教材例题、习题等相关内容的本质与功能,重点研究基础性作业,慎重对待拓展性作业,适度开发实践探究性作业。基于关键问题设计课时作业,基于系列关键问题设计单元作业,以作业来落实和达成课堂教学难以完成的目标。

在开展基于关键问题的教学研究的实践中,我们对部分年级的作业进行了设计,凸显关键问题的有效破解和学生学习活动的有效实施,我们期望通过基于关键问题的作业设计,不仅发挥作业巩固教学的作用,更能弥补教学不足的功能,通过作业与教学共同达成课堂教学目标。本章呈现的是部分年级作业设计。

4.1 人教版一年级上册部分单元作业设计实例

第一单元：5以内数的认识和加、减法

◎第一课时：1~5 的认识

1.定个小目标：会读、写、认 1~5。

2.抓个小问题：哪些物体的数量可以用 1~5 表示？

3.有点小行动：

①数一数：图中的物品各有几个？

②连一连：把物品与相应的数字连一连。

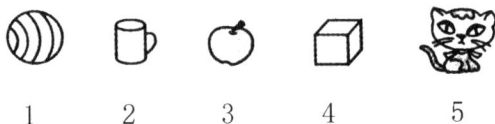

1　　　2　　　3　　　4　　　5

4.来点小尝试：看一看，画一画。

5.我的小分享：_____。

◎第二课时：比大小

1.定个小目标：理解"＞""＜""＝"符号的含义。

2.抓个小问题：你会运用"＞""＜""＝"来表示数量之间的关系吗？

3.有点小行动：比一比，填一填。

①比一比，（　　）里填什么？（填"＞""＜"或"＝"）

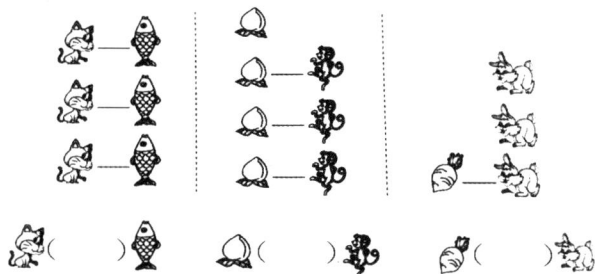

🐱（　　）🐟　　🍑（　　）🐒　　🥕（　　）🐰

②想一想，你想用什么符号表示两个数之间的关系？填写在○里。

　　　　3○3　　　　　4○3　　　　　1○3

4.来点小尝试：填一填，比一比。

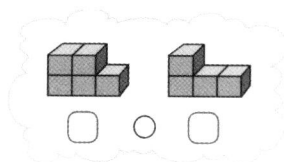

□　○　□

5.我的小分享：_____。

◎第三课时：第几

1.定个小目标：弄清"几"和"第几"的含义。

2.抓个小问题："几"和"第几"有什么区别？

3.有点小行动：

①一共有（　　）样水果。

②从左往右数，🍎排第（　　）个，🍌排第（　　）个，🍓排第（　　）个，🍑排第（　　）个，🍐排第（　　）个。

③说一说"第5"和"5"有什么不一样。

4.来点小尝试：

①把第2只小兔子涂成红色，第4只小兔子涂成蓝色。

②在车厢上写上号码，第（　　　）节车厢乘坐2只动物。

5.我的小分享：_____。

◎ **第四课时：分与合（一）**

1.定个小目标：理解一个数的分与合。

2.抓个小问题：怎样用数学的方法把一个数的分与合记录下来？

3.有点小行动：

①把◯◯◯◯放到◯◯◯里，可以怎样放？

②试一试：用数学的方法把这些分法记录下来。

4.来点小尝试：

①摆一摆，填一填。

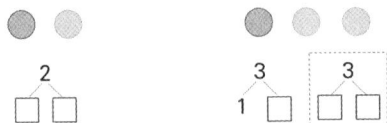

②想一想，写一写。

（　　　　）和（　　　　　）合成4。

5.我的小分享：_____。

◎第五课时：分与合（二）

1. 定个小目标：理解一个数的分与合。

2. 抓个小问题：怎样用数学的方法把一个数的分和合记录下来？

3. 有点小行动：

①把 🍑🍑🍑🍑🍑 放到 🥟 🥟 里，可以怎么放？

②试一试：用数学的方法把这些分法记录下来。

4. 来点小尝试：

摆一摆，选一选。

（　　　）和（　　　）合起来是5。

（　　　）和（　　　）合起来是4。

（　　　）和（　　　）合起来是3。

5. 我的小分享：_____。

◎第六课时：加法（一）

1. 定个小目标：理解加法的意义，认识加号。

2. 抓个小问题：怎样用算式表示合在一起的情境？

3. 有点小行动：

①说一说，填一填。

树上有（　　　）只鸟，又飞来（　　　）只鸟，合在一起有（　　　）只鸟。

②试一试：用一个等式表示上面的过程和结果。

4.来点小尝试：用算式表示合在一起有多少。

5.我的小分享：_____。

◎ 第七课时：加法（二）

1.定个小目标：理解和掌握加法的计算方法。

2.抓个小问题：怎样计算合在一起有多少个的加法算式？

3.有点小行动：

①填一填：把下面的等式填写完整。

$1+3=$ □

②说一说：你是怎么计算 1+3 的？

4.来点小尝试：算一算，填一填。

$2+$ □ $=$ □   □ $+$ □ $=$ □

5.我的小分享：_____。

◎ 第八课时：减法（一）

1.定个小目标：理解减法的意义，认识减号。

2.抓个小问题：怎样用算式表示把一个整体分成两部分的数学现象？

3.有点小行动：

①看一看，说一说。

树上原来有（ ）只鸟，飞走了（ ）只，还剩（ ）只。

②试一试：用一个等式表示上面的过程和结果。

4. 来点小尝试：试一试，用算式表示图中的数学现象。

_____   _____

5. 我的小分享：_____。

◎第九课时：减法（二）

1. 定个小目标：理解和掌握减法的计算方法。

2. 抓个小问题：怎样计算总数分开后各部分有多少的减法算式？

3. 有点小行动：

①填一填：把下面的等式填写完整。

$$○○○○○○$$

$$5-4=\square$$

②说一说：你是怎么计算 5-4 的？

4. 来点小尝试：画一画，填一填。

$$○○○○ \qquad ○○○$$

$$4-\square=\square \qquad \square+\square=\square$$

5. 我的小分享：_____。

◎ 第十课时：0 的认识和加、减法

1. 定个小目标：理解 0 的含义，能计算和 0 有关的加、减法。

2. 抓个小问题：用什么数表示一个也没有？

3. 有点小行动：

① 写一写：用数表示♡的数量。

（　　） 　　（　　） 　　（　　）

② 试一试：看图写等式。

$\square + \square = \square$ 　　　　　 $\square - \square = \square$

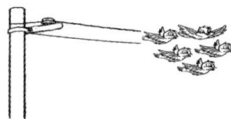

4. 来点小尝试：填一填。

$\square - \square = 0$ 　　　 $0 + \square = \square$ 　　　 $\square - 0 = \square$

5. 我的小分享：＿＿＿＿＿＿＿＿＿＿＿＿＿＿＿＿＿＿＿＿＿。

4.2　人教版二年级上册部分单元作业设计实例

第三单元：角的初步认识

◎ 第一课时：角的初步认识

1. 定个小目标：能用角的眼光看周围物体。

2. 抓个小问题：你能在周围物体上看到角吗？

3. 有点小行动：

① 把你在周围物体上看到的角画在纸上，看看都是什么形状。

②观察这些角，你有什么发现？把你的发现写下来。

4.来点小尝试：和爸爸、妈妈说一说周围哪些物体的表面上有角。

5.我的小分享：＿＿＿＿＿＿＿＿＿＿＿＿＿＿＿＿＿＿＿＿＿＿。

◎第二课时：认识直角

1.定个小目标：理解直角的特征。

2.抓个小问题：你觉得哪种样子的角很特殊？

3.有点小行动：

①把你认为最特殊的角画在纸上，并说一说它为什么特殊。

②观察：这个特殊的角有什么特征？把你的发现写下来。

4.来点小尝试：在周围物体上找出这个特殊的角。

5.我的小分享：＿＿＿＿＿＿＿＿＿＿＿＿＿＿＿＿＿＿＿＿＿＿。

◎第三课时：认识锐角和钝角

1.定个小目标：理解锐角和钝角的特征。

2.抓个小问题：以什么为标准来认识锐角和钝角？

3.有点小行动：

①以直角为标准，请你画几个比直角小的角。

②以直角为标准，请你画几个比直角大的角。

4.来点小尝试：

制作一个活动角，转出直角、比直角大的角和比直角小的角。

5.我的小分享：＿＿＿＿＿＿＿＿＿＿＿＿＿＿＿＿＿＿＿＿＿＿。

◎第四课时：用三角尺拼钝角

1.定个小目标：在拼组中进一步理解角的特征。

2.抓个小问题：怎样的两个角才能拼成钝角？

3.有点小行动：

①试一试：把你用一副三角尺拼出的角画下来。

②找一找：你拼出的角哪些是钝角？

③说一说：

钝角1是由（　　　）角和（　　　）角拼成的；

钝角2是由（　　　）角和（　　　）角拼成的；

钝角3是由（　　　）角和（　　　）角拼成的。

4.来点小尝试：

观察：你有什么发现？把你的发现写下来。

5.我的小分享：＿＿＿＿＿＿＿＿＿＿＿＿＿＿＿＿＿＿＿＿＿＿＿＿＿＿。

第四单元：表内乘法（一）

◎第一课时：乘法的初步认识

1.定个小目标：理解乘法的意义。

2.抓个小问题：什么情况下可以用乘法表示？

3.有点小行动：

①你能用哪些方法表示小飞机里共有多少人？

②你能用（　　　）个（　　　）表示总人数吗？

　　　　　　　　　　　　（　　　）个（　　　）

　　　　　　　　　　　　（　　　）个（　　　）

4.来点小尝试：你能用图表示3个4吗？

5.我的小分享：＿＿＿＿＿＿＿＿＿＿＿＿＿＿＿＿＿＿＿＿＿＿＿＿＿＿。

◎第二课时：1 的乘法口诀

1. 定个小目标：熟悉乘法口诀的句式。

2. 抓个小问题：用怎样的句式编写乘法口诀？

3. 有点小行动：

①照例子，你还能继续往下写吗？

　一一得一　一二得二　_____　_____　_____

②观察：你发现这些口诀有什么特点？

4. 来点小尝试：

这些口诀是用来计算哪些算式的？请你把这些算式写下来。

5. 我的小分享：_____。

◎第三课时：2 的乘法口诀

1. 定个小目标：熟悉乘法口诀的句式。

2. 抓个小问题：怎样编写乘法口诀？

3. 有点小行动：

①请画图表示 2×1、2×2、2×3。

②观察：你能照样子编出 2×1 到 2×9 的所有乘法口诀吗？

4. 来点小尝试：

①看口诀，写算式：

　　　　二七十四：_____　二九十八：_____

②看算式，写口诀：

　　　2×3：_____　　　2×5：_____

5. 我的小分享：_____。

◎第四课时：3 的乘法口诀

1. 定个小目标：体会编乘法口诀的乐趣。

2. 抓个小问题：怎样根据已有的学习经验编写 3 的乘法口诀？

3. 有点小行动：

①请自主编写 3×1、3×2、3×3……3×9 的乘法口诀。

②读一读你编写的 3 的乘法口诀。

4. 来点小尝试：

① 看口诀，写算式：

三七二十一：_____   三九二十七：_____

② 看算式，写口诀：

3×3：_____   3×5：_____

5. 我的小分享：_____。

◎ **第五课时：4 的乘法口诀**

1. 定个小目标：感悟乘法口诀编写的变化。

2. 抓个小问题：4 的乘法口诀和之前学的乘法口诀有什么不同？

3. 有点小行动：

① 请编写 4×1、4×2、4×3 的乘法口诀。

② 观察：还可以用以前学过的哪些乘法口诀来计算 4×1、4×2、4×3？

③ 思考：4 的乘法口诀可以从哪里开始编？

4. 来点小尝试：

① 看口诀，写算式：

四七二十八：_____   四九三十六：_____

② 看算式，写口诀：

4×3：_____   3×4：_____

5. 我的小分享：_____。

◎ **第六课时：5 和 6 的乘法口诀**

1. 定个小目标：自主编写 5 和 6 的乘法口诀。

2. 抓个小问题：怎样编写 5 和 6 的乘法口诀？

3. 有点小行动：

① 请编写 5 的乘法口诀。

② 请编写 6 的乘法口诀。

4. 来点小尝试：

① 看口诀，写算式：

五七三十五：_____   六九五十四：_____

②看算式，写口诀：

　　5×3：_____　　　　4×6：_____

5.我的小分享：_____。

◎第七课时：乘加和乘减

1.定个小目标：灵活运用乘法、加法、减法解决数学问题。

2.抓个小问题：不能直接用乘法算式计算怎么办？

3.有点小行动：

①"坐旋转木马的一共有多少人"能直接用乘法算式计算吗？

②你能用哪些算式表示？这些算式有什么特点？

4.来点小尝试：看图填写合适的数字和运算符号。

　　□×□○□＝□

5.我的小分享：_____。

◎第八课时：乘法问题和加法问题

1.定个小目标：灵活运用乘法和加法解决数学问题。

2.抓个小问题：乘法问题和加法问题的数量关系有什么区别？

3.有点小行动：画图表示下面的数学问题。

①李叔叔租了2条船，每条船坐6人。一共有多少人？

②李叔叔租了2条船，一条坐了4人，另一条坐了6人。一共有多少人？

4.来点小尝试：列式计算上面两道数学题，比一比有什么不同？

5.我的小分享：_____。

4.3 人教版三年级上册部分单元作业设计实例

第五单元：倍的认识

◎第一课时：倍的认识

1. 定个小目标：理解倍的意义。

2. 抓个小问题：你会用蝴蝶的只数表示蜻蜓的只数吗？

3. 有点小行动：蝴蝶有（　　）只，蝴蝶的只数和蜻蜓的只数有关系吗？

①试一试：用蝴蝶的只数表示蜻蜓的只数，你有哪些方法？

②想一想：你会怎么表示下图中蝴蝶的只数和蜻蜓的只数的关系？

4. 来点小尝试：摆一摆，画一画。

第一行摆 5 根：//////。

第二行摆 4 个 5 根：_____。

5. 我的小分享：_____。

◎第二课时：求一个数是另一个数的几倍

1. 定个小目标：能正确解答求一个数是另一个数几倍的数学问题。

2. 抓个小问题：怎样判断一个数是另一个数的几倍？

3. 有点小行动：男生有 12 人，女生有 4 人，男生人数是女生人数的几倍？

①你能画一张示意图，让人一眼看清楚 12 里面有几个 4 吗？

②列一列：用算式表示 12 里面有几个 4，并计算。

4. 来点小尝试：画图表示。

男生 15 人，女生 3 人，男生人数是女生人数的几倍？

5. 我的小分享：_____。

◎ **第三课时：求一个数的几倍是多少**

1. 定个小目标：能正确解答求一个数的几倍是多少的数学问题。

2. 抓个小问题：用什么方法求一个数的几倍是多少？

3. 有点小行动：女生有 4 人，男生人数是女生人数的 3 倍，男生有几人？

① 画一画：用图表示男生和女生的数量关系。

② 想一想：要求男生的人数，就是求（　　　）个（　　　）是多少。

4. 来点小尝试：

① 摆 3 个○，△ 的个数是○的 4 倍，要摆（　　　）个 △。

② 摆 5 个□，△ 的个数是□的 2 倍，要摆（　　　）个 △。

5. 我的小分享：_____。

第六单元：多位数乘一位数

◎ **第一课时：口算乘法**

1. 定个小目标：能正确、快速地口算多位数乘一位数。

2. 抓个小问题：多位数乘一位数的乘法算式不能直接用口诀口算，怎么办？

3. 有点小行动：一共有多少根小棒？

① 列一列：

加法算式：_____。

乘法算式：_____。

②想一想：50×3不能直接用乘法口诀口算，你有什么好方法？

4. 来点小尝试：

①想一想：12×3不能直接用乘法口诀口算，怎么办？

②试一试：写出你的口算方法。

5. 我的小分享：_____。

◎第二课时：笔算乘法

1. 定个小目标：能笔算两位数乘一位数（不进位）。

2. 抓个小问题：你会用竖式笔算两位数乘一位数吗？

3. 有点小行动：一共有多少根小棒？

①口算：_____。

②试一试：用竖式表示口算过程。

4. 来点小尝试：竖式计算32×3。

5. 我的小分享：_____。

◎第三课时：笔算乘法

1. 定个小目标：能笔算两位数乘一位数（进位）。

2. 抓个小问题：一个文具盒14元，买4个要多少钱？

3. 有点小行动：各有多少根小棒？

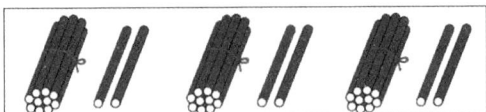

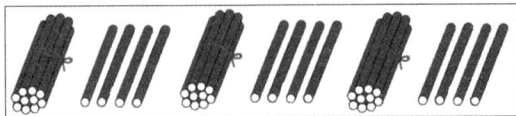

①列一列：根据图列出乘法算式。

②比一比：两道乘法算式有什么不一样？

4. 来点小尝试：15×3 个位上的两个数相乘满十进一，你能用竖式表示出来吗？

5. 我的小分享：＿＿＿＿＿＿＿＿＿＿＿＿＿＿＿＿＿＿＿＿＿＿。

◎ **第四课时：连续进位乘法**

1. 定个小目标：整体理解和把握多位数乘一位数的乘法计算方法。

2. 抓个小问题：怎样在竖式上表示乘法算式的连续进位？

3. 有点小行动：24×9 和前面学过的乘法算式有什么不一样？

①比一比：把你想到的不同写下来。

②估一估：24×9 的得数大概是多少？你有哪些估算方法？

4. 来点小尝试：竖式计算 24×9。

5. 我的小分享：＿＿＿＿＿＿＿＿＿＿＿＿＿＿＿＿＿＿＿＿＿＿。

◎ **第五课时：有关 0 的乘法**

1. 定个小目标：掌握有关 0 的乘法。

2. 抓个小问题：你知道 0 和其他数相乘的结果是多少吗？

3. 有点小行动：3 个盘子里一共有多少个桃子？

①加法算式：＿＿＿＿＿＿＿＿＿＿＿＿＿＿＿＿＿。

②乘法算式：＿＿＿＿＿＿＿＿＿＿＿＿＿＿＿＿＿。

4. 来点小尝试：

①算一算。

0×7=　　　　　　　0×8=　　　　　　　0×0=

②想一想：你有什么发现？把你的发现写下来。

5. 我的小分享：＿＿＿＿＿＿＿＿＿＿＿＿＿＿＿＿＿＿＿＿＿。

◎ **第六课时：中间或末尾有 0 的多位数乘一位数的乘法**

1. 定个小目标：掌握中间或末尾有 0 的多位数乘一位数的计算方法。

2. 抓个小问题：怎样计算中间或末尾有 0 的多位数乘一位数？

3. 有点小行动：

102×4=   120×4=

①比一比：两道算式有什么不同？

②试一试：竖式计算两道算式。

4. 来点小尝试：算一算。

103×7=   260×3=

5. 我的小分享：_____。

◎ 第七课时：用估算解决问题

1. 定个小目标：掌握用估算解决问题的策略。

2. 抓个小问题：你会合理选择整十、整百进行估算吗？

3. 有点小行动：王叔叔需要录入 500 字的文章，每分钟录入 79 个字，他 6 分钟能录完吗？

①试一试：你有哪些解答方法？把它写下来。

②说一说：你的结论是_____。

4. 来点小尝试：王伯伯家一共摘了 180 千克苹果，一个箱子能装 32 千克，6 个箱子够装吗？

5. 我的小分享：_____。

◎ 第八课时：归一问题

1. 定个小目标：能正确理解和解答归一问题。

2. 抓个小问题：解决归一问题时要先求什么？

3. 有点小行动：3 名同学擦了 6 扇窗户。如果照这样安排，10 名同学能擦几扇窗户？

①想一想：求 10 名同学能擦几扇窗户，要先算什么？为什么？

②算一算：10 名同学能擦几扇窗户？列式解答。

4. 来点小尝试：小明花 6 元钱买了 3 本练习簿。如果买 9 本同样的练习簿，需要多少钱？

5. 我的小分享：_____。

◎第九课时：归总问题

1.定个小目标：能正确理解和解答归总问题。

2.抓个小问题：解决归总问题的关键是什么？

3.有点小行动：小华看一本书，每天看4页，6天看完。如果每天看3页，几天可以看完？

①想一想：求几天可以看完，关键是要先求出_____。

②理一理：根据"每天看4页，6天看完"，可以算出_____。

③试一试：列式解答。

4.来点小尝试：列式解答。

卫生达标小队，每组8人，可以分成3组。如果每组4人，可以分成几组？

5.我的小分享：_____。

5 教师成长让每一颗种子都被呵护

基于关键问题的教与学研究，要求教师能从各种材料和问题中发现和明确关键问题，并能基于关键问题设计对应的学习活动引导学生解决关键问题，在建构、解构和重构中发展学生的核心素养，培养良好的思维品质。这就需要教师注重培养自己的哲学气质。

我在《关键问题：一节课里的种子》一书里曾从教师为什么要培养自己的哲学气质，如何培养自己的哲学气质，怎样从哲学的角度观照数学课堂，以及哲学气质观照下的数学课堂实践展开论述，探讨了教师如何以哲学气质和哲学思考来促进自身专业成长。本章将继续从专业成长的角度，就教师如何进一步提升自己的哲学素养进行探索和思考。

5.1 教师的致知在格人

2020 年春，我读了俞正强老师寄来的《种子课 2.0——如何教对数学课》后，由此，就有了基于阅读心得的关于教师专业成长的思考——教师的致知在格人。

《种子课 2.0——如何教对数学课》开篇就是《教书，是啥一回事？》，用爱人、知音和朋友三个表达人与人之间温暖关系的词来描述"教书，是啥一回事"，告诉我们教学本质上是师生之间的关系。他说："让学生'友'我们，让学生爱我们；让我们值得学生'友'我们，让我们值得学生爱我们。

有了这些，教学就会成为一件十分有意思的事。"

因此，提高教学水平有两条途径：术与道。道就是构建师生之间的和谐关系——让学生爱你、"友"你。要构建师生之间的和谐关系，就要去研究学生。研究学生，就是格人，格人是修身的起点。儒家经典《礼记·大学》有言："致知在格物。物格而后知至，知至而后意诚，意诚而后心正，心正而后身修……"

致知在格物，更重要的是，"物"不是外在事物，而是人自身。格物就是了解人，了解人类社会的规律。格人有三个层次和路径：首先，要了解自己，因为研究自己是最方便的；其次，推己及人，把自己想明白了就能明白别人是怎么想的；最后，了解事物，把自己和他人想明白了，就可以理解事物了，因为事物就是人与人之间的关系。

《礼记·学记》有言："学者有四失，教者必知之。人之学也，或失则多，或失则寡，或失则易，或失则止。此四者，心之莫同也。知其心，然后能救其失也。教也者，长善而救其失者也。"

我们应好好地去研究学生——格人。致知在格人：人的角色确定了，关键问题就明确了，种子课或生长课就确定了。怎么格人？怎么去研究学生？需要正心诚意！"毋自欺也"，面对学生的所有问题都能正心诚意。

我们应当有这样的意识：格人是修身的起点，也是教师专业成长的不二法门。

教师的致知在格人，就在于研究学生、研究自己，把学生和自己想明白了，进而就可以把课堂想明白，因为课堂教学就是自己和学生的关系。由此，想上不好课也难。

中医是先了解自己，进而了解万物的。课堂教学亦然，通过课了解人，进而了解万物。很多教师研究课堂，钻研教学艺术，通过不断地思考和实践，有可能成为教学领域的佼佼者，但未必能明晰教学的真谛。因为很多时候，我们会执着于某个法门、某个模式、某个理论。人一旦执着，就容易固执己见。因为每一个理论都有可能会埋人，每一个模式也都有可能是死路。《金刚经》有言"一切贤圣，皆以无为法而有差别"，差别就在于你以怎样的"心"

来看这些法门、模式和理论。

对于课堂教学，不同的人有不同的理解，每个人追逐和寻求的点也不一样。有人爱好教学，有人以此逐利，有人以此作为促进学生成长的路径。每个人都在同一个出发点上，但因为方向的不同，最终抵达的点是不一样的。很多时候，我们往往会"非所明而明之"，该明的地方没有明，不该明的地方自以为明了。

方向错了是最可怕的。因此，我的老师对我说，我们应该向乌龟学习，因为乌龟沿着直线，一路前进，永不后退。为什么不向兔子学习？你看过兔子跑直线吗？

曾有一次，老师与我们纵论天下英雄，谈到金庸小说时说：北丐是"疯"，对诸事极为投入；东邪是"狂"，自以为屹立于顶峰；郭靖是"傻"，外在事物影响不了他；西毒是"痴"，平生只做一件事；老顽童是"癫"，随心所欲不逾矩。虽然各有不同，但是五个人都是只做一件事，朝着一个方向前进。

只为一个目标而做的所有事都可称为一件事。一位教师通过上好课，通过课堂来格物致知、诚意正心、修身齐家，也是只做一件事。

5.2 教师要善刀而藏之

通往大道的路径有很多条，课堂教学也是一条入道的路径，其关键在于"至诚"二字。《礼记·中庸》有言："唯天下至诚，为能尽其性；能尽其性，则能尽人之性；能尽人之性，则能尽物之性；能尽物之性，则可以赞天地之化育；可以赞天地之化育，则可以与天地参矣。"

以至诚之心去对待课堂，对待师生之间生命的对话，对待教材的文字和图片，对待课堂中的"手之所触，肩之所倚，足之所履，膝之所踦"，日复一日地用心磨炼，不断体会，不断改进，就有可能一动一静"莫不中音。合于《桑林》之舞"。能尽课堂之性，就能尽人之性，就有可能由此而通达万物之性，或许这就是由教学而入道的路径吧！

"对自己好点"是大家历尽千帆后的感悟。那么，教师如何对自己好点？如何在课堂上对自己好点？如何善待自己这把在课堂上剖析知识的"刀"呢？

《庄子·养生主》有言："依乎天理，批大郤，导大窾，因其固然。""大郤"和"大窾"就是关键地方，也就是关键问题；"因其固然"，每节课依据知识的特点、学生的特点、教材编排体系的特点，有它的关键问题。

寻找和解决关键问题，"技经肯綮之未尝"，关键问题解决了，枝节的地方就会跟着被解决。关键问题解开了，整个知识结构的大门就被打开了，对枝节地方的理解就没有了阻碍，不知不觉中，顺着刀势豁然而解。

我们就是一把课堂上打开知识大门的"刀"，如果这把"刀"不能"依乎天理，批大郤，导大窾，因其固然"，而是硬剁、硬砍、硬来，很快就要"岁更刀"，乃至"月更刀"。为什么？"折也。"身心健康就是这样被摧残的。

关键问题，是需要用智慧去解决的，要以"无厚入有间"，这样才能"恢恢乎其于游刃必有余地矣"。但是多数时候，很多教师不是这样的，对于关键的"大郤"和"大窾"，是硬讲的、硬砍的。因为硬砍，所以教师常常会感到很吃力，没有课后"提刀而立，为之四顾，为之踌躇满志"的幸福感。

为什么会有职业倦怠感？为什么会缺乏职业幸福感？就是因为他在课堂上是硬剁的、硬砍的、硬来的。为什么会讨厌课堂？为什么不能保持登上讲坛的初心？就是因为他在课堂上的硬剁、硬砍、硬来，在硬碰关键节点的同时在伤害自己的初心。

不忘初心，就需要我们在处理课堂复杂的情境时，"批大郤，导大窾"，处理关键问题时看要点，不是硬碰，而是"以无厚入有间"，做到"动刀甚微，謋然已解"。这样我们才能让自己常新，保持身心健康，执教多年以后，依然能够"刀刃若新发于硎"。

"善刀而藏之"，这就是课堂上的养生。

5.3 教师要日新又日新

《庄子諵譁》是 2015 年买的，当时我住在离书城很近的一个地方，看到这本书时，犹豫了一下，在书店将要关门时买了。果然，我是看不懂这本书的，看得很辛苦，因此这本书被搁置在书架上，一待就是 5 年。

2017 年我开始在 App 上听梁冬讲庄子，用了一年多的时间，跟着梁冬从内七篇，到外篇、杂篇，渐渐地对庄子有了一定的了解，也逐渐尝试用庄子的思想去思考小学数学教学，去思考如何处理遇见的事、对待遇见的人。

那段时间，我每天会在朋友圈记录自己的学庄心得，也期待以此能引起一些人对庄子的兴趣，我认为这是一件很有意思的事情。因此，我会时常在朋友圈里记录和发布学庄心得。

2018 年春夏之交，我邀请俞正强老师来温州上课，但我人在金华，无法在现场听俞老师上课，我就委托其他老师给我发听课笔记。那天，我正好在读《禅说庄子》，我就思考：俞老师的课堂上，学生为什么可以如鱼得水？为什么可以自由自在地思考？为什么可以在思维海洋里遨游？

《庄子·逍遥游》里有两句话，正是对这一问题的完美诠释："水之积也不厚，则其负大舟也无力；风之积也不厚，则其负大翼也无力。"俞老师的课堂上，学生为什么会有这么多的表示方法？学生为什么会有这么多的所思？学生为什么会有这么多的所感、所悟？是因为学生已有的知识、经验、思想、方法不断地被激活，逐渐汇聚成浩瀚的大海，学生可以在大海上乘风破浪。

很多人的课堂往往是"覆杯水于坳堂之上"，只能"芥为之舟"，想稍稍多发点力，"置杯焉则胶"。因为学生的思想空间、思维空间太小了。2021 年夏，我为新招的一批工作室学员讲第一堂课。我选择了《庄子·逍遥游》作为主讲内容，结合陈可抒的《人生无意读庄子》一书，给他们讲教师专业成长的五个视角：讲述者的视角、旁观者的视角、当事者的视角、退缩者的视角、有志者的视角。

　　同一个故事，由于视角的不同，我们可以看到教师专业成长的众生相。每个人都应当从中明白自己的视角和前进的方向。我特别喜欢《庄子·大宗师》里说的，"相濡以沫，不如相忘于江湖"，并以此作为鼓励教师去寻找和构建自己教学主张的箴言。寻找自己的路，被人发现也是条路，这既是磨炼自己，也是提升自己的有效途径。

　　一口气读完《梁冬说庄子·德充符》，不像以前读一本书，总会断断续续。这也算是修习的进步吧！徐文兵老师说，当一个人修习到一定阶段时，他自然会追求复归于婴儿，会有意识地关闭或部分关闭眼耳鼻舌身意。能一口气读完，或许和我的进步有关。

　　基于想对《庄子·德充符》部分内容做进一步的学习，我从书架上取下了尘封五年的《庄子諵譁》，开始看南怀瑾讲解《德充符》。我才发现南怀瑾的讲解是如此美妙，如此有趣，深深地吸引住了我！开始从头读起。五年前读不懂的文字，似乎就这样鲜活起来、生动起来了。

　　我曾经在朋友圈里记录自己的体会："放在书架上的每一本书，在该发挥价值的时候，都会一本本地跳出来。虽然有些书一直在那里就是静静地待着，时间没到，机缘没到，境界没到而已。"《庄子諵譁》的时间到了，机缘到了，境界似乎也到了。

　　几年间，我搜罗了很多与庄子有关的书，很美！很值得摇头晃脑地读！

　　有一位中医在微博里写了这样一段文字，非常好："每天专注于读书、思考、研讨医学问题和临床病例，就会每天有进步，每年有大幅度进步。这个一定是自己看得见、摸得着的，不需要问别人。核心的一点是，每天专注于自己的努力和提高。"

　　《礼记·大学》有言"苟日新，日日新，又日新"，意思是如果能够一天新，就应保持天天新，新了还要更新。我们应专注自己每一天的努力和提高，好好学习，天天向上。

5.4 教师要读无用的书

有人说，貌似无关的东西，都应该因我的存在而让它们有关系，以提升我们解决问题的能力，如我们读的一些"无用的书"。

读《素问·四气调神大论》时，我就想到数学课堂是不是也应该分为四气，是不是也应该春夏养阳、秋冬养阴，顺应四气的节奏去调控课堂，让生活在课堂中的孩子们顺应春生、夏长、秋收、冬藏的节奏去生活、学习，因而就有了我第一本专著《两位数加减两位数笔算教学研究》的第8章"数学课堂里的生命节奏"。

后来，在观摩俞老师上"折线统计图"一课时，看到俞老师在课堂上借助"主角"形象，构建了一个强大的磁场，让人回味无穷。

师：我们先来观察条形统计图。1月走到几度？

生：走到5度。

师：它还往下走吗？

生：不走了。

师：轮到谁走了？

生：2月了。

师：2月走到几度？

生：也到5度就不走了。

在这个讨论过程中，学生在教师的引导下看条形统计图的12个月份，每个月份都是主角，1号主角走完了，就轮到2号主角，它们轮流登台各走一个月，12个主角排在一起比多少。本来是一个静态的统计图，在主角视角的审视下成为一幅幅动态的画面，具有了诱人的神采。

师：我们再来看折线统计图，谁先走？

生：天气走到1月，再到2月，接着一直走，直到12月。

天气被动态化了，一个主角从1月走到2月，直到12月，留下了一条变化的曲线。学生对两种统计图的认识从一样到不一样，已经有了本质的飞跃。听完课，我想到了《灵枢·天年》里的一段话："血气已和，荣卫已通，五脏已成，神气舍心，魂魄毕具，乃成为人。"

"血气已和，荣卫已通，五脏已成"，血气、荣卫、五脏可以看作一节课的基本框架。这个框架已经构建好了，气血流通，血脉调和，有了一节课该有的东西。但这还不是一节好课，不是一节能散发亮点的课，因为没有"神气舍心"。这个"神"还没有住到课堂里，没有神采，没有魂魄。

一堂课如果徒有其表，即使"血气已和，荣卫已通，五脏已成"，也依然不能让学生感受深刻。虽然形很完美，有精心的设计，有良好的组织，有华丽的媒体辅助，没有"神"，就缺了生气。只有"神气舍心"，才能成为一节好课。"神气舍心"之后的会心一笑，给我们留下了无尽的韵味，绵绵悠长。学生心中播下了一颗优质的种子，来年必将在一块合适的土壤里生根发芽。

王冰为《黄帝内经·素问》所作的序，文字优美，字里行间充满了他的发心大愿，告诉我们如何正心诚意，如何研学，少走弯路。如果我们如他所言，"刻意研精，探微索隐"，那么会有怎样的收获呢？是否也会"或识契真要，则目牛无全，故动则有成，犹鬼神幽赞"？

读无用的书，让它们因我的存在而有关系，提升我们解决问题的能力，更好地做有用的事。不亦乐乎！

5.5　教师要能打破桎梏

出期末卷的时候，看了各地以往出的一些试卷和试题。出卷和写文章是一样的，字里行间可以看出命题人的思想、情绪和价值观。为什么一定要把题目出得层次多一些？为什么一定要放入这道题？为什么一定要呈现如此多元的信息？背后隐含的肯定是命题人的价值观和世界观，折射的是命题人最近读的书、接触的人、遇见的事。

同样，设计一节课也是如此。这个片段为什么要这样设计？哪个是这节课的关键问题？应该设计怎样的学习活动去破解关键问题？每个人的理解都是不一样的，背后的思想和价值观也是不一样的。

因而，出卷需要磨卷，上课需要磨课，就是为了突破个人的思想局限，不囿于个人的执念。但是，在磨卷和磨课的过程中，有很多人会执于己见，很难听得进他人的意见。

为什么？因为这个难得的试题、难得的设计都是个人精心设计的成果，是思维活动结出的硕果。有人说，意识形态一旦形成，就会不由自主地向自洽性发展，会用各种理由去解释和美化自己的设计。而自洽性发展的最终结局，是圆满。圆满至极，就是枷锁，难以打破，更难以放弃。

同样，我们在读某些名家的书时，把书中的观点、案例看作经典，却忘了去读滋养这些名家成长的书籍，忘了去读经典背后的经典。我们要明白的是，只有读过滋养他们成长的经典，才能知道他们是怎样成为名家的。一叶障目，不见泰山，或许我们比这一叶还要小，但是我们需要这样的眼界和胸怀，才能知道天空有多广阔。

曾经听一个同学谈他的儿子，说他儿子发现了有很多成语出自《庄子》，于是他儿子就开始去一篇一篇地读《庄子》，去感受那些成语背后广阔的天空。《庄子》是滋养过历代中国人的经典，读到《庄子·人间世》，才深刻理解了梁冬曾说的一句话："年青时，如果我读过《庄子·人间世》的第一个故事，那就好了。"

《庄子·人间世》第一个故事讲的是颜回想去卫国一展抱负，犹如青年教师初登讲台，进入师生对话的人间世。课堂上有种种剧情，我们行走其间，要面对各种时空、各种人、各种事。

当一个年轻教师走上讲台，就进入了一个师生生命对话的时空，虽然他期待大展身手，但这个时空更需要的是心斋，需要放空自己。什么是心斋？"虚者，心斋也。"庄子说，不要用耳朵听，要用心来听。当你心里头什么念头都没有了，能够心念专一地去面对遇见的每一个时空，就会对课堂、对师生生命对话有更深刻的觉察。

更进一步，需要的是"听之以气"，去感受课堂教学的节奏和频率。当一个青年教师能真正体会到课堂教学的节奏和频率，能把教学的节奏、说话的节奏、呼吸的节奏调整为和学生一样，和课堂生命对话的节奏一样，就会与整个课堂达成共识，形成和谐共振。

无论是出卷，还是上课，我们需要的是放空自己的心，不带某种成见，去调整自己的节奏，让彼此的频率和谐共振，与这个世界优雅相处。

5.6　教师要养浩然正气

症是什么？错误是什么？它们都是一种现象，而现象是用来让我们寻找原因的。

有种现象叫上坡，我们都知道"逆水行舟，不进则退"，上坡也是如此，不进则退。症状和错误，如果没有被解决，没有得到改正，那么在上坡过程中，症状和错误犹如滚雪球一样会越滚越大。

刚开始还可以硬撑，到后面雪球越来越大，人是撑不住的。

症都是人想出来的，要解决它，需要去找因。错误也是各种各样的，要解决它，同样需要去找因。

中医里有个扶阳派，扶阳实际上扶的是乾和坤里面蕴含的那个永不停止的使生命一气周流的动能。动能强了，身体就能充分循环，把好的东西带来，把差的东西带走。

养生如此，学习亦如此。通过学习，积累活动经验，感悟思想方法，让经验和思想推动和更新已有的认知结构，进行充分的循环。通过循环可以修正错误，强化认知，形成正确的认知结构。

面对症状和错误，我们总是想得很复杂。我的老师告诉我，很简单，太阳出来就好了。太阳出来了，雪球就融化了，还会有症吗？雪球是因，解决了因，症自然就没了。

太阳底下没有新鲜事！太形象了！大道至简！

这个太阳是什么？对于人来说，就是浩然正气，就是孟子所说的"我善养吾浩然之气"。教师应善养浩然之气！

5.7　教师要有自诚之心

读《庄子知周》有感而发，在朋友圈分享了自己的心得："对于学习，有些人悟性高，一点就通，有些人怎么说也不懂，其间的区别在于是否诚心。"

一个自诚的人，自然能够触机而发，发而中节，即使不懂，也会按照老师的指令去执行，在执行中理解和感悟。恰如俞老师在《教书，是啥一回事？》中所言的知己和爱人。

一个不能自诚的人，即使你对他说得再多，他也不会理解你的苦心。这样的人，书读得再多，高人名师见得再多，都无非挖坑自埋。

曾在给学员讲课时，我提到了一个人应善于叩问。我认为"能提出问题的人水平都比较高，而老师授徒往往需要一个契机，这个契机就是弟子能提出问题，提出有价值的问题，因为有了问题就有翻墙而过的机会"。

《庄子·齐物论》中颜成子游提出了一个"何居乎"的问题，才有了南郭子綦洋洋洒洒的关于"地籁、人籁和天籁"的发挥。在一个契机之下，我与老师聊到了诚心。老师说，"既然讲到了诚心，那么我就和你说说关于如何自诚的问题，来，我说，你写。"

我提笔在白板上写下了他说的三句话，"诚心做人、存心做人、纯心做人"。从字义上看，我居然不能弄明白其间的关系，不清楚诚心、存心和纯心三者的境界高低。

何为"诚心做人"？诚心是一种态度。一个人有了自诚，但境界的级别还是比较低，仅仅这样是远远不够的，仅仅是有了一种"诚"的态度。

何为"存心做人"？存心，就是存诚于心，把诚真正放在心上，对人对物对事都是发自内心，都是正心诚意。

何为"纯心做人"？纯心，已经没有诚心的意识，但一切行动都是合于诚心，没有一丝一毫的杂念。就像 11 点之前的太阳，没有一丝杂波。

《礼记·大学》有言："物格而后知至，知至而后意诚，意诚而后心正，心正而后身修。"只有到了正心诚意才会有后面的修身，进而才会有齐家、治国、平天下，因此自诚是学习进阶的基础和前提。

《黄帝内经》有言"正气存内，邪不可干"，这个所谓的正气实际上也是与心有关，主要是看心的能量大小。从心的能量来说，可以分为四个层次，依次是：警觉心、小心、大心、收放心。

什么是警觉心？警觉心是对万事万物的觉察。《礼记·中庸》里说："君子戒慎乎其所不睹，恐惧乎其所不闻。莫见乎隐，莫显乎微。故君子慎其独也。"没有什么比"隐"更会让人看见，没有什么比"微"更会让人看清楚。因此，警觉心最难的是"慎独"。没有慎独就无敬畏，就会妄行。"小人"为什么会反中庸？因为他无忌惮也。曾子所说的"吾日三省吾身"，修行者所谓的"拴猿缚猴"，都是指警觉心。

什么是小心？小心即"履霜坚冰至"，就是如履薄冰，战战兢兢，一步一个脚印地走好每一步，不懈怠，不肆无忌惮。

什么是大心？大心，就是宽容心，即有容乃大。当一个人的心足够大时，就会包容他人的错误和过失。但是，这个层次往往只有修养到"知天命，耳顺"时才能做到。

什么是收放心？就是收放自如，随心所欲而不逾矩。

从一节数学课来说，我们是否能看到"警觉心、小心、大心和收放心"？是否可以耳顺？是否可以随心所欲而不逾矩呢？且思且行！

5.8 教师要多阅读经典

从某种意义上说，十年一变的《义务教育课程标准》应当是经典。读经典，反复地读经典，是教师一生都应坚持做的事。每次读小学数学教育专业文章，或者看关于数学教学的文件、要求，前面一般会有"根据课标要求"之类的字样，因此数学教师不能不读课标，不能不知课标要求。

对于数学教师来说，课程标准就是一口"井"。无论学生怎么变，教材怎么变，"改邑不改井"，它给我们带来的是源源不断的活水。

通过读课程性质，我们可以更清晰地认识到数学是通过对数量和数量关系、图形和图形关系的抽象而得到研究对象的，进而通过对研究对象的数学思考，形成了结论和方法。这些数学工具和语言能帮助我们更好地认识、理解和表达现实世界。

通过读课程理念，我们可以更准确地理解要确立核心素养导向的课程目标、要设计体现结构化特征的课程内容、要实施促进学生发展的教学活动、要探索激励学生学习和改进教师教学的评价、要促进信息技术与数学课程的融合。

如果说课程性质和课程理念是本，那么课程目标、课程内容、学业质量和课程实施都是本上生出的枝叶，都是基于课程的性质和理念生长出来的。

《易经》里说"往来井井"，井始终是井，课标始终是课标，是我们确定目标、设计内容、实施教学、开展评价和利用技术的源头。

为什么"改邑不改井"？因为这口井可以源源不断地供应活水，即使地名改了、人搬走了、人搬来了，它还是人们心中的源头。

有位知名博主说："读书，第一要有志，第二要有识，第三要有恒。"

有志，就是不甘为下流。一位教师，如果想成为优秀的教师，那么他就应该认真地去读课标、理解课标，并把课标作为自己实施教学活动的行动标准和指南。

有识，就是知学问无尽，不能以一得而自足。课标的内涵是丰富的，如"井养而不穷也"，值得我们反复咀嚼。不能读过一遍，就像河伯一样欣然自喜，觉得"天下之美为尽在己"。

有恒，就是"君子以立不易方"，用你的信念持守内心的方向，保持坚定，坚定地读课标、用课标、依标施教，你就会成为一位优秀的教师。如果无恒，"汔至亦未繘井"，殊为可惜。

《易经》中有很多和风有关的"象"，我特别喜欢"火风鼎"。"鼎"实际上就是用风把木头点燃的"象"，也就是奉献自己成就他人。当我们读课标、研究小学数学教学，为他人读课标、读经典时，我们内心应有一个清晰的声音：我在为什么付出？我愿意付出吗？我付出自己的全部来成就他人，有意义吗？

教师要多读经典，从经典中往来井井。因为井始终是井，课标始终是课标，经典始终是经典，它们能够经得起岁月的考验。

5.9 教师要积小以高大

《易经》有言："聚而上者谓之升。"把一批优秀教师聚集在一起，就要引导他们不断向上升，而不是往下降。2022 年带了一批新学员，从这些年轻人的身上我看到了他们"终日乾乾"的上进精神。每次布置的学习任务，他们都能及时、高质量地完成，常常能给我惊喜。

我特别喜欢这句话："君子以顺德，积小以高大。"每个学员都是不一样的，我们教育培训的目标是让每一个人得到最适合自己的发展，因此我们要"顺德"。顺着每个学员的特性禀赋，顺着春夏秋冬的四季更替，顺着环境的变化时刻调整生长的节奏。

升是人类自强不息的一种动力，为什么要"好好学习，天天向上"？因为我们每一天都要成为更好的自己。对于每一位教师来说，升有两个层次：有形的升和无形的升。工资、职称、荣誉、职级的升是有形的，这些有形的升对于每一位教师来说，不一定是那么顺利的，在某一个时段里可能会遇到困难。这个时候教师需要关注无形的升，也就是品德，要把自己的品德和修养向上升。

曾听一位朋友说，他买了很多种子种植在小区的路边，那里的土壤是由建筑渣土堆积而成的，不是很肥沃，加上天气有点过于炎热，种子难以发芽。于是他又选了一些山上的野菜苗来种植，看看这些顽强的植物能否顺利成活。

我们期待的是种下的种子能顺着时节逐渐发芽，经过四季，经过风寒暑湿燥火的洗礼而慢慢成形，生长壮大。这就是顺德，顺着外面环境时刻调整自己。

专业成长的目的不仅仅是生长，更重要的是修德，"积小以高大"。像树木一样，从发芽慢慢长大。每一次的研讨活动，每一次的学习作业，每一次的观摩展示，每一次的课堂实践，都要全心全意地参与，由小功而成大功。任何事情都不是一蹴而就的，需要的是日积月累地不懈努力，因此要"积小以高大"。

一个人有形的上升，就是表现出来的工作成绩，可以称为事业；一个人无形的上升，就是一个人的品德修养提升，可以称为德业。每个人对于自己专业成长的规划，一定要意识到有形和无形两个方面，既要追求事业的成长，又要追求德业的成长。

我们要立德树人，《礼记·学记》有言，"一年视离经辨志，三年视敬业乐群，五年视博习亲师，七年视论学取友，谓之小成。九年知类通达，强立而不反，谓之大成"。其中学业成长是离经、敬业、博习、论学、知类，德业成长是辨志、乐群、亲师、取友、通达，两者相辅相成，彼此偕行，缺一不可。

有人说应该这样去理解"上善若水"：上是动词，是说我们要走上"善"的人生之路，这是一个自然而然的动态过程，不会终止。就像水一样，往低处流，这是一个动态的自然过程，没有停顿，自然而然，毫不费力地往低处流。上善若水，说的就是向"善"行走的人生态度和人生轨迹，一个人要永远向善，不断提高修为走向圆满，就像江河一样，自然永恒。

提高自己的专业修养，就是一个向"善"的过程，就是一个更好地惠及学生的修德过程，它应该"若水"，自然而然，像呼吸一样自然。"君子以顺德，积小以高大"，让我们在岁月的长河中慢慢地积累和提升自己植根于内心的修养、无须提醒的自觉、以约束为前提的自由、为他人着想的善良。

5.10 教师要讲"你说得对"

读到"天水讼"，天与水违行，方向相反，意见不合，就会产生争执。我们在磨课的过程中，经常会遇见这样的事，不同的人对同一节课执不同的见解，都认为自己的好，自己的有道理，难以统一。

例如"小数乘整数"一课，不同的教材有不同的学习材料和学习路径。

人教版教材提供的学习路径如图 5-1 所示，根据积的变化规律呈现出把小数乘法转化成整数乘法的思考方式。把 0.72 转化成 72，相应地把积

360 转化成 3.60，一来一往，一长一消。

$$0.72 \times 5 = 3.60$$

×100 → 72

÷100 ←

$$72 \times 5 = 360$$

最后的0可以去掉。

图 5-1　人教版"小数乘整数"教学素材

北师大版教材提供的学习路径如图 5-2 所示，$0.2 \times 4 = 0.1 \times 8 = 0.8$，基于计数单位的视角去理解算式的意义，从而构建算法路径，揭示渡河到彼岸的筏。

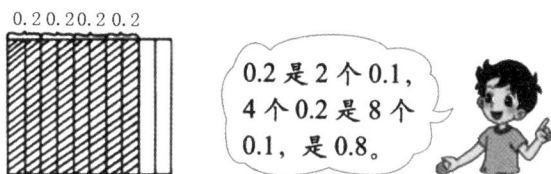

0.2 0.2 0.2 0.2

0.2 是 2 个 0.1，4 个 0.2 是 8 个 0.1，是 0.8。

图 5-2　北师大版"小数乘整数"教学素材

新思维版教材提供的学习路径（见图 5-3）和北师大版教材类似，提供的是结构化学习内容，凸显了整数乘法和小数乘整数结构的一致性，引导学生从意义的角度理解求得的积是 156 个 0.1。

$78 \times 2 = 156$

$78 \cdots\cdots 78$ 个 1

$\times 2$

$156 \cdots\cdots 156$ 个 1

→

$7.8 \times 2 = 15.6$

$7.8 \cdots\cdots 78$ 个 0.1

$\times 2$

$15.6 \cdots\cdots 156$ 个 0.1

图 5-3　新思维版"小数乘整数"教学素材

三个版本教材提供了三种教学思路，选择哪种路径呢？不同的教师基于自身的经验和思想，会有不同的选择。如果是上常态课还好，一旦需要把这些意见统一到某一节展示课上，就会有争执。

有些人总是将自己的意愿强加于人；有些人仅仅表达自己的想法，说不说取决于他自身，听不听则交由你自行决定；有些人坚持自己的想法，听不进别人的；有些人一会儿听他的，一会儿听你的，没有自己的主见；有些人什么都觉得好，你的意见好，他的意见也好。

这是经常发生在我们身边的场景，如何自处，如何合理地应对？梁冬说有一个万用心法可以解决一切纷争——"你说得对"：你说得对，你的想法太棒了，你的意见让我很受启发。

因此，《易经》里说，"讼，元吉。"讼怎么会吉呢？如果把"讼"看作"颂"，一切都可迎刃而解。我认同你，我理解你，我很喜欢你的想法。但是，最终的路怎么走？每个人都应当有这样的意识，这是你自己的事，是你自己最终要作出相应的选择和决策。

我的老师经常对我们说的一句话是，天下只有三件事：你的事，我的事，老天爷的事。说不说是我的事，做不做是你的事，结果如何是老天爷的事。

把自己的意志强加给别人，会让人不信服，即使"受服""亦不足敬也"。子曰"必也使无讼乎"，每个人给你提供的是不同的想法和路径，不是用来争的，而是用来求同存异，和而不同。

"君子以作事谋始"，我们要用心倾听不同的见解，用心研读不同的教材，用心尝试不同的路径，当某一天你面对这样的情境时，你就会说："你说得对，但我是这么想的……"

5.11 教师要善于破解困局

人生总会遇到一些困局，课也如此。在磨课的过程，就会不断地遇到课的困局。"困"是什么？有人说，"困"字里面是个"木"字，"木"代表的是一种东方的、上升的向四面八方发散的气，但是被封住了，没有一个方向可以通气。

孔子说，困，德之辨也。当一个人处于困境时，我们察其言观其行，能看出他的品德修养，更能使他修炼自身的必备品格和关键能力。因此，当我们面临困局，是怨天尤人呢，还是坦然面对呢，抑或需要用怎样的行动去破解呢？

例如，"小数乘小数"一课教学，如果基于运算的一致性，利用计数单位引导学生理解和构建算法，如何构建计数单位？怎样理解和凸显两个一位小数相乘后出现的0.01呢？这些都是学生难以深刻理解和体会的困局。当一种构想落到实际时，往往会遇到困局。

又如，这个学习活动：

想一想：2.4×0.8的计数单位是什么？请通过画图、文字等方式说明你的理由。

学生在实践中就遇到了困局。如何构建计数单位？在什么情境下依次呈现1、0.1？进而怎样让学生体会0.01？学生能理解这样的学习活动，并能进行自主实践和探索吗？对于学生来说，似乎有点难，这是个困局。

北师大版教材是这样破解困局的（见图5-4）。

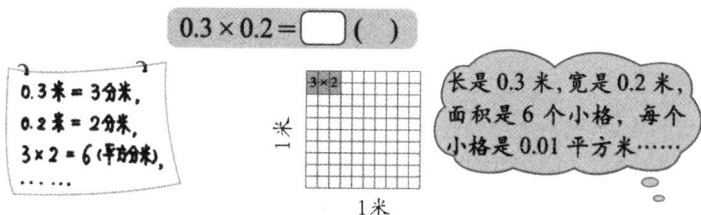

图5-4 北师大版"小数乘小数"教学素材（一）

通过小数的意义，学生明白0.3米就是3分米，0.2米就是2分米，面积就是6平方分米，是6个小格，每个小格是0.01平方米。这是在利用面积模型帮助学生构建计数单位0.01，但是我们也会在其中遇到困局：没有很好地凸显计数单位之间的联系，没有表达出从1到0.1再到0.01的内在转化过程，因而就无法感受到每行摆3个、摆这样的2行的用面积单位度量的过程。

因此，北师大版教材接下来还是利用"积的变化规律"来构建算法过程（见图5-5）。

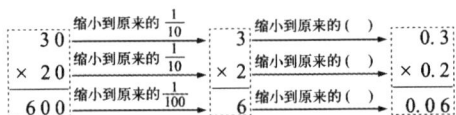

图 5-5　北师大版"小数乘小数"教学素材（二）

沪教版教材是这样破解困局的，首先呈现图 5-6 中的内容。

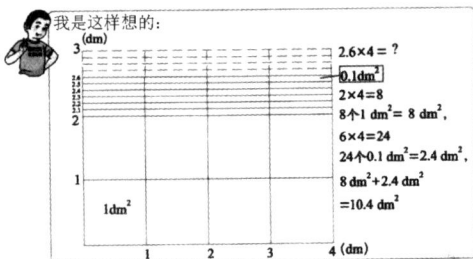

图 5-6　沪教版"小数乘小数"教学素材（一）

一个长 4 dm、宽 2.6 dm 的长方形，它的面积是多少呢？图 5-7 清晰地展示了 2.6×4 的整数乘法研究过程：2×4=8，是每行摆 4 个，有这样的 2 行。这是学生已经学会的整数乘整数算法。

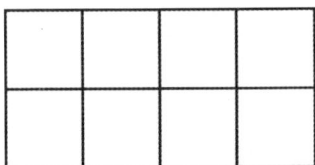

图 5-7　"2×4"整数乘法模型

剩下的 0.6×4，该用怎样的数学语言描述 0.6 呢？这显然是非常重要的事，我们可以这样表示 0.6（见图 5-8）。

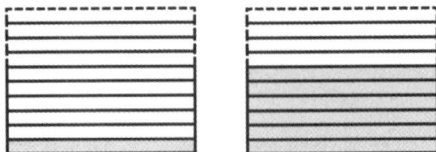

图 5-8　小数 0.6 的表示模型

0.1 平方分米是 1 平方分米的 $\frac{1}{10}$，把 1 平方分米平均分成 10 份，就可以得到一个新的计数单位 0.1 平方分米，有 6 个这样的计数单位，就是 0.6 平方分米，0.6 平方分米是用 6 个 0.1 平方分米组成的面积。

图 5-9 "0.6×4" 乘法模型

每行摆 4 个，摆这样的 6 行，不正好是 4×6=24（个）吗？不正好是 24 个 0.1 吗？前面的 2×4=8（平方分米），不就是每行摆 4 个、摆这样的 2 行吗？只不过单位不同，一个是 1 平方分米，另一个是 0.1 平方分米。蕴含在其中的是对小数意义的理解和应用。

那么 0.01 呢？根据前面的思路，它是把 0.1 继续平均分成 10 份得到的，这个逻辑和小数的意义的学习过程是一致的。沪教版教材呈现了以下研究路径（见图 5-10）。

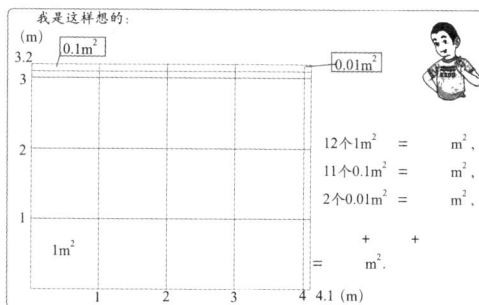

图 5-10 沪教版 "小数乘小数" 教学素材（二）

计算 3.2×4.1 时，如何基于面积模型，用图表示出从 0.1 到 0.01 的过程，这是需要学生去探究的，也是破解基于计数单位的小数乘法困局的关键，就是我们所说的关键问题。

"0.2×0.1 在哪里，它的计数单位是什么？请在图 5-11 中表示出来，让人一眼就看清楚。"这个学习活动是破解困局、解决关键问题的关键行动。

那么学生会有怎样的研究成果呢？他们会突破困局吗？我们拭目以待来自学生的惊喜。

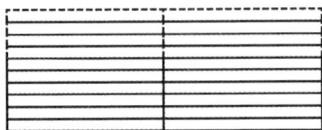

图 5-11 学生学习活动素材

这就是基于计数单位的小数乘小数的运算的一致性。面对困局，我们需要的是坦荡荡，而不是长戚戚，要像《易经》里说的，"困而不失其所"。一碰到困难，就说这节课我不上了，换一节吧，躲起来了，跑掉了，这就是失其所。

人生起起落落，总会遇见一些困局，总会遇见"泽无水"，只有"困而不失其所"，才会"亨"，才会通达，才会让生发的"木"从中脱困而出。梁冬说，当我们身处困顿之中，可以慢慢顺路向前求生，但不要放弃希望和信念。遇到课的困局，遇到人生的困局，我们不要放弃，内心要充满希望，不断前行。我们需要"给希望的火苗续上几把干柴"，这些看起来没什么用的事，却是人渡过困境时的依靠和慰藉。

"泽无水，困。君子以致命遂志。"让我们内心充满希望，坚持努力，永远善良！

5.12 教师要学会辨物居方

我曾读到一本书，心中有感，想起以前写过一段话，是关于读书的，是关于买书的，就是忘记了当初是怎么表达的。幸亏当年把自己的心得记录在了朋友圈，去看这几年走过的路，看到了这一段描述："放在书架上的每一本书，在该发挥价值的时候，都会一本本地跳出来。虽然有些书一直在那里就是静静地待着，时间没到，机缘没到，境界没到而已。"这是我在写《关键问题：一节课里的种子》一书时，对其中一个关于概念本质解读的章节研究时，忽然想起刘加霞教授的书，有感而发记录下来的。

如今读《华杉讲透论语》，突然领悟到为什么那本书会跳出来。这是因为我在实践中领悟到了一些东西，然后突然想起刘加霞教授书中的观点与我的想法同声相应，我就会从书架上尘封多时的一堆书中找到它（或许翻来覆去还是找不到）。

因为你和它的时间到了，机缘到了，境界自然也到了。当你因为同声相应去寻找它，去读它，那么就有可能会顺藤摸瓜地读一系列的书，以此来充实和整理自己的想法，形成整体、系统的认识。

有时候，我们会发现当年的自己是看不懂当时买的书的，但是为什么要买呢？要不要买呢？我的想法是，买吧，先留着吧。好书就是好朋友，先让它静静地待在你的书架上。或许有一天，你会发现以前看不懂的书，突然就可以读懂了，然后从书架上勾连出好多书，组成一个系列读物，彼此印证。

读书之乐，莫过于此。

什么叫"行有余力，则以学文"？当你把"入则孝，出则悌，谨而信，泛爱众，而亲仁"都"行"到了，能够在实践中"格物致知"，能够在德行上做到"诚意正心"，那么读书学文都是在印证和梳理你的"行"。

你经历的这些"行"是本，你要读的书是末。本立而道生，因此这些书会一本一本地跳出来找你。

5.13　教师要能学而时习之

每一次听老师讲课，他都会反复地告诉我们："这些都是做法，不是说法，只有你做到了，你才能明白我说的是什么。"

我们往往会听到很多理论和道理。例如，暑假期间，我们会听很多关于新课程标准的专家讲座，会参加各种各样的新课标学习会、观摩会。但是，如果你只是听听而没有亲身去践行，那么最终会落入"听听心动，想想激动，回去一动也不动"的怪圈。

为什么？因为很多时候，你把这些听到的理论当作了说法，而不是做法，当然也有一些专家只是把它们当作说法去宣讲的。如果你把这些当作做法，你在实践中去做，你就会知道，你要努力的是如何在实践中做到它。

比如，2022 年版课标强调一致性，只有你思考了怎么做，你才能在实践中真正地体现一致性，才能在教学多位数乘一位数、两位数乘两位数、小数乘整数和小数乘小数时研究和探索如何凸显计算的一致性。做过了，做到了，这个说法就不是说法了，它就会成为一种做法、一种行为、一种习惯，就会给我们带来快乐。

我曾和一个很棒的团队在一起相处过两天，感受到了团队中每一个人强大的能力。有能熟练制作课件的，有能深入概括和提炼课堂报告框架的，有能清楚表达思考内容的，有能有效吸收大家思想熔为一炉的，有能敏锐抓住课堂细节的，有能生动活泼展示设计思路的。他们有丰富的技能和理论知识，这些技能和理论知识已经转化为行为和习惯，转化为他们不假思索地凸显个性的熟练技能。

教师的专业成长路径有很多条，其中好多人是因为某项技能（如几何画板的使用）特别突出，在专业成长的道路上收获了快乐，进而激发了学习和研究的动力。所以，有时候是能力，而不是知识让我们获得快乐。教书是一门技术活，和学生交流是一门技术活，分享学生的学习成果是一门技术活。课堂教学中的待人接物，观察自己的内心，觉察他人的内心情绪，这一切都是技术活。好多人在课堂上为什么能如鱼得水，就是因为他们在日复一日地磨炼自己的技术，锻炼自己的能力，而不是在简单地重复和轮回。

教师不是学更多的理论，而应找到一个技能，不断地练习，让自己在课堂上沉浸愉悦之中，畅享幸福之感。有了幸福感，就会推动你反复地练习和提升技能。学而时习之，经过千锤百炼，总有一天会由此及彼，由做法而通达形而上的思考。如果你感受不到教学的快乐，那么我建议你去学一个技能吧！

在学习一项技能时，其学习过程会呈现以下进阶路径（见图 5-12）。

0——1——100——10 000——1亿——1兆

图 5-12 技能进阶量化模型

从 0 到 1，是从无到有，这是一个很难坚持的过程，如你学习几何画板，学着学着，不想学了，那就又回到 0 了。当你入门了，就是到了 1，从 1 到 100 是能看见的，是很快的，你会发现自己能做很多的课件，可以在课堂上应用，你会觉得很好玩。从 100 到 10 000，这个过程会很漫长，会让你感到无聊、无奈，因为你的工作就是帮别人做课件，不断地修改，不断地操作。但是当你做着、修改着，或许有一天你就会突破 10 000。

当你突破了 10 000 也就是你的专业成长上了一个台阶，此时的你会更无聊了，因为从 10 000 到 1亿更远了。继续磨炼，继续前行，或许某一天你会由此及彼，豁然开朗，原来教学中的其他事和应用几何画板是一样的，万事万物都是相通的。深入一门，把它练到出神入化，这会提升你的慧力。

翻开《论语》，首先看到的是"子路有闻，未之能行，唯恐有闻"。我也常常有这样的惶恐，老师新授的法门还没来得及好好修习，还没有有效地进阶，又要修习新的。

怎么做呢？唯有不断琢磨，照着做！学而时习之，把老师教的每件事情都做好，都做到。

未之能行，唯恐有闻！

5.14 教师要能引火归元

我们都知道火性是炎上的，水性是向下的，当两者方向相反，背道而行，就难以形成一个周期性圆运动，身体就会出现一种上热下冷的火水未济现象。

课堂上也会出现类似现象，教师热血沸腾，学生呆若木鸡。学生在课堂上不知道教师在表达什么，就会出现上热下冷现象，师生之间不能形成很好的信息交换的圆运动。上下不通，网络断线，课堂的生命力就难以得到生长。

我们设计的学习活动亦是如此，当一个老师自认为设计的学习活动非常好，而学生难以进行有效的实践探索时，就进入了火水未济的时空。例如，我在教学《小数乘小数》时，设计了以下学生学习活动：

想一想：0.2×0.3 的计数单位是多少？

画一画：让人一眼就看出来你的想法。

通过这个学习活动，我们期待学生能用自己的方式来描述 0.2×0.3，能清晰、准确地表达 0.2 和 0.3，以及两者相乘得到的新的计数单位 0.01。

但学生呈现的作品却是这样的（见图 5-13）。

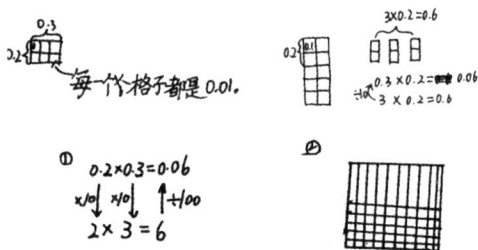

图 5-13 学生学习活动作品

学生表示出了 0.2 和 0.3，但它们是怎么得来的？是基于怎样的整体而得到的？它们相乘的计数单位为什么是 0.01？我们期望学生能从计数单位的角度去表达和描述算法，但学生一直在积的变化规律上寻找答案和理由。

同样，面对一个问题，学过的知识和技能无法被有效地激活，即便积累了丰富的经验和感悟了深刻的思想，此时也显得束手无策，这也是火水未济现象。

学生在喝牛奶问题（见图 5-14）上的得分率是 52.38%，按理说，学生已经学习了分数的意义和性质，学习了分数加减法，书上有类似的练习，学生已经积累了相应的解决问题的知识和技能，解题应该是不难的。但是这些已有的知识和技能变成了静止的寒水，没有得到应有的向上的蒸腾，不能发挥出问题解决的动能。

一杯纯牛奶，小明喝了 $\frac{2}{3}$，用温水加满后搅拌均匀，又喝了半杯。涂色部分能表示他喝了多少水的是（　　）。

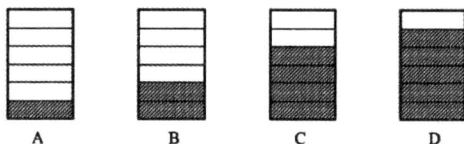

图 5-14　学生练习

　　在课堂上，我们经常会遇见类似的火水未济现象，那么我们如何破解它呢？不是灭火，不是消磨教师的初心，而是要引火下行，多到学生中去，多听学生的意见，多研究学生的学习，多站在学生的视角看问题，多从学生出发设计学习活动。要通过引火下行，有效激活学生的经验和思想，让水蒸腾起来，使水具有一气周流的动能。

　　对学生进行观察和研究，让你的教材研读、教学设计和学生研究循环起来，引火下行，激水上行，形成信息、能量的交换，形成充分的周期性循环，这样的课堂还会上火吗？还会上热下寒吗？

　　所以，教师要试试引火归元！

6 好课多磨让每一颗种子向阳生长

俞正强老师在《好课燎原》一书的序言中说道："人世间有许多美好的事情，对于从事小学教学三十余年的我来说，好课燎原，可能是许多美好的事情里面，最值得我激动的事了。"只有通过一节节好课，才能让这些探索和实践促进每一颗种子向阳生长，用一气周流的动能让对关键问题的教学思考和主张充分地循环起来，"把好的东西带来，把差的东西带走"。

有了关键问题，有了关键行动，我们就可以基于关键问题和学生学习活动去构建以学为中心的课堂框架，引导学生在学习活动中自主探索和研究关键问题，经历完整的数学学习活动过程，给予学生充分的时间和空间进行研究、交流和分享，发展学生的学科核心素养，培养学生良好的思维品质。

对于课例研究，我们有这样的认识：这节课这样上，就是关键问题破解。本章研究课例若无特别说明，均是以教育部审定 2022 年人教版教材为例，相关课例有些是片段教学设计和分析，有些是完整教学设计。

课例研究大致遵循梳理研读教材、确定关键问题、研究分析学情、设计学习活动、构建教学预案等环节进行依次展开分析和描述。考虑到阅读的顺畅性，部分课例的个别环节可能会和前面有所重复。

6.1 笔算乘法：乘法竖式的第一次亮相

笔算乘法是人教版三年级上册第六单元"多位数乘一位数"的内容，该单元是在学生已经熟练地掌握了表内乘法，能够正确地口算百以内加、减法的基础上进行的教学。在这个单元里，我们可以发现乘法竖式是第一次出现，有很多值得我们关注和思考的问题，值得我们去研究。

6.1.1 教材研读理脉络

笔算乘法属于该单元第二层次的教学内容。第一层次是口算乘法，第三层次是解决问题。因为笔算乘法需要以口算乘法为基础，学好口算有利于掌握笔算，所以在学习笔算之前，教材安排了整十数、整百数、整千数乘一位数和两位数乘一位数（不进位）的口算。

学生对 20×3 口算算理的理解非常重要，因为这是计数单位第一次参与运算。从乘法的角度来说，有表内乘法，有多位数乘一位数，有两位数乘两位数，有三位数乘两位数。20×3，显然和以前学习过的表内乘法 2×3 是不一样的，不能用口诀直接计算。我们需要关注的是不同的乘法算式背后的相同处，寻找算法本质。我们要关注以下问题：真的不能用口诀计算吗？怎样才能用口诀计算呢？能用口诀计算的关键是什么？

我们可以发现，如果把 0 藏起来，那么算式 20×3 就变成了 2×3，就可以利用口诀"二三得六"直接口算。能把 0 藏起来吗？用什么方法把 0 藏起来？如图 6-1 所示，利用计数单位，用"1 捆"的表象把 0 藏起来，变成了 2 捆一组，有这样的三组。"二三得六"就被凸显出来了。2×3 和 20×3 有什么相同的地方？我们需要觉察的是两者都可以用乘法口诀"二三得六"来计算，一个是（2×3）个一，另一个是（2×3）个十，背后的"象"是一样的。有了这样的基于计数单位的算理理解，就有了算法的表达：0 先不看，算出 2×3 后，再添上 0，也就是 $2 \times 3=6$，$20 \times 3=60$。

对于 12×3，我们更需要注重从运算的意义出发，数形结合，借助几何让学生直观清晰地发现 12×3 就是这样的 3 个"1 捆"和 3 个"2 根"合在一起，用乘法的数学语言描述就是 10×3 和 2×3。这样就有了以下的三步口算过程：$10 \times 3=30,2 \times 3=6,30+6=36$。

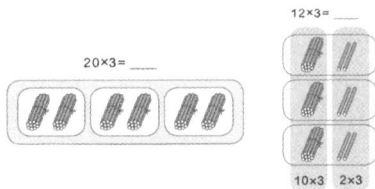

图 6-1 "笔算乘法"学习素材（一）

关于笔算乘法教学内容，教材首先呈现的是一个求"一共有多少支彩笔"的数学问题（见图 6-2），这是一个需要用两位数乘一位数的乘法算式来进行计算的数学问题。

图 6-2 "笔算乘法"学习素材（二）

学生解决问题可以用乘法进行口算，也可以用加法来计算，教材给出的第三种算法是列竖式计算（见图 6-3）。从本质上说，列竖式计算实际上就是把口算过程用竖式的形式记录下来，便于回顾和比较，使计算更为准确。两者形式不同，内在的本质相同。

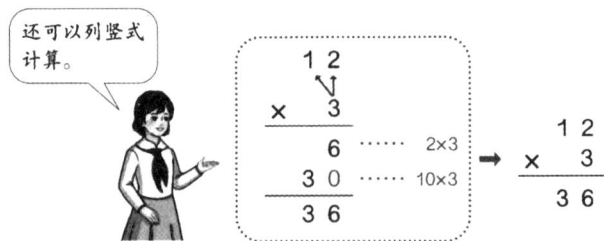

图 6-3 "笔算乘法"学习素材（三）

教材呈现了两种乘法竖式的写法，无论是哪种竖式，都是把"$10 \times 3=30$，$2 \times 3=6$，$30+6=36$"用一个竖式记录下来，用竖式算法形式描述口算过程。

6.1.2 厘清脉络定关键

从前面的教材解读中，我们可以发现口算乘法是笔算乘法的基础，笔算乘法是把口算乘法的过程用一个竖式记录下来，而乘法竖式在这里是第一次出现在学生的数学学习活动中，因此乘法竖式就有了一点特别的意味。它为什么要出场？它是如何出场的？它的价值是什么？这些都是我们要提出和思考的问题。

因为乘法是帮助人们解决问题的工具，是小学生学习数学需要掌握的基础知识和基本技能。从乘法的角度来说，不但有表内乘法，有多位数乘一位数，更有以后要学习的两位数乘两位数、三位数乘两位数，乘法计算会越来越复杂。如果直接进行口算，步骤会有很多，容易混淆和遗忘，此时就需要用竖式的形式把口算过程记录下来，以简洁的竖式来描述计算的过程，凸显算法的意义。

多位数乘一位数恰好处于从表内乘法向乘法笔算过渡的关键节点，是引导学生以竖式算法描述乘法计算过程的重要契机。从教材的编排看，我们可以很清楚地发现多位数乘一位数的笔算就是研究如何把口算的过程用竖式的形式记录下来。学生以前学习过加法竖式，经历过加法竖式的形成过程。我在专著《两位数加减两位数笔算教学研究》一书中写道："不进位加法是学生第一次用竖式的形式进行笔算，是一个新的起点，所以我把本节课的关键问题定为：如何用竖式的形式把加法的过程表示出来？"

基于"如何用竖式的形式把加法的过程表示出来"关键问题，我设计了基于关键问题的学生学习活动"看图试一试，用竖式表示计算过程"（见图6-4），引导学生自主尝试创造加法竖式的样式。

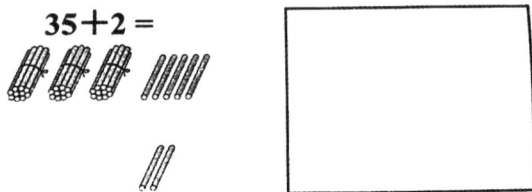

图 6-4 "两位数加一位数"学生学习活动

有了这样的学习活动，就有了学生丰富的学习活动成果（见图 6-5）。

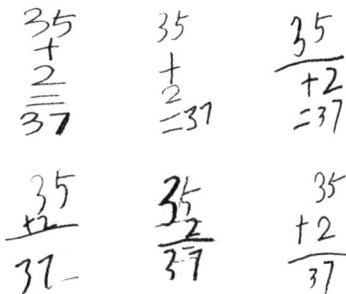

图 6-5 "两位数加一位数"学生学习活动作品

多位数乘一位数的笔算是乘法竖式的第一次亮相。因此，"多位数乘一位数的笔算"一节课的关键问题也应当是让学生体会乘法竖式的形成过程。学生已经学习过口算，知道 12×3 可以这样口算：10×3=30，2×3=6，30+6=36。那么如何用一个竖式把口算的过程记录下来呢？这就成了这节课学生学习活动的任务。从教师的教来说，是如何引导学生用竖式笔算的形式来计算 12×3；从学生的学来说，是尝试探索如何用竖式来计算 12×3；从学习评价的角度来说，是评价他是否有用一个竖式记录了三步口算的过程。

6.1.3 基于活动研学情

那么如何用一个竖式把口算的过程记录下来呢？学生会怎样记录呢？他们创造的竖式能把口算的过程记录下来吗？

基于关键问题，我们设计了学习活动，引导学生自主探索如何用竖式表示乘法计算的结果：

我们口算 12×3 时大致会分成三步：

$10×3=30$ 　　　$2×3=6$ 　　　$30+6=36$

你能用一个竖式把这三步口算都表示出来吗？试一试。

学生在学习活动中要经历尝试探索如何用竖式计算 12×3 的过程，从学习成效的角度来看，我们要基于"他是否有用一个竖式记录了三步口算的过程"来评价学生的学习活动作品。学生的学习活动作品，如图 6-6 至图 6-10 所示。

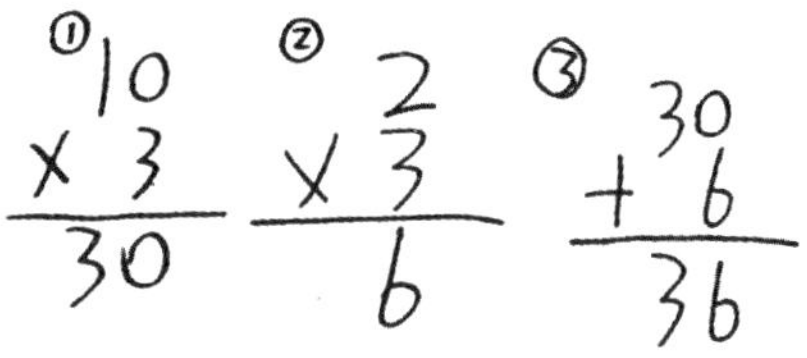

图 6-6 "笔算乘法"学生学习活动作品（一）

这个学生有用一个竖式记录了三步口算的过程吗？显然，他是用了三个竖式来记录对应的三步口算，但是他好在哪里呢？他很好地呈现了竖式的样式，10×3 和 2×3 的笔算竖式就是这样写的，和以前学习过的加法竖式很相似。那么如何用这样的竖式把三步口算都记录下来呢？我们继续来看其他学生的学习活动作品。

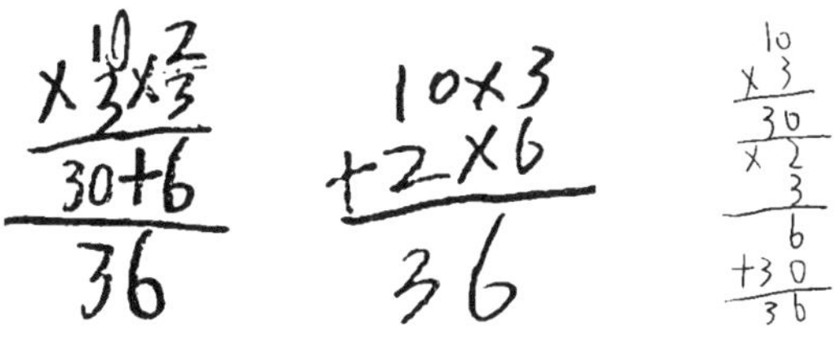

图 6-7 "笔算乘法"学生学习活动作品（二）

他们有用一个竖式记录了三步口算的过程吗？有，但是这三个学生的作品显得有点繁杂，铺陈了所有的口算过程，不够简洁，没能凸显数学的简洁美。

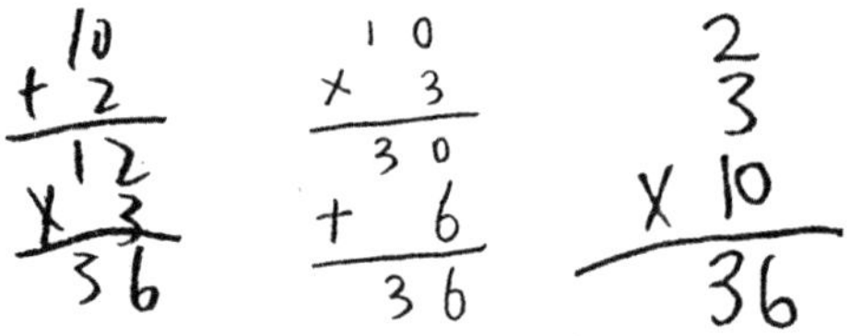

图 6-8 "笔算乘法"学生学习活动作品（三）

这三个学生都尝试在竖式中以更为简洁的方式凸显口算过程，表达把"12 分成 10 和 2"再与"3"相乘的算法，乘法竖式的雏形已经较为清晰了，但是对口算过程的描述还不够明确。

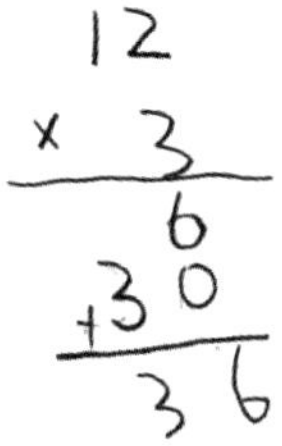

图 6-9 "笔算乘法"学生学习活动作品（四）

这个学生有用一个竖式记录了三步口算的过程吗？我们可以很清楚地看到 6 是通过 2×3 得到的，30 是通过 10×3 得到的，36 是通过 6+30 得到的，这个学生的作品完美地描述了三步口算的过程。

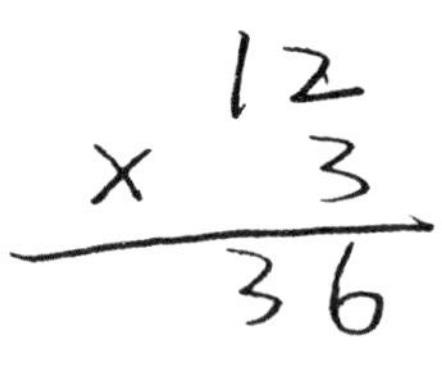

图 6-10 "笔算乘法"学生学习活动作品（五）

相较于图 6-9，图 6-10 更为简洁，但是 2×3、10×3、30+6 在哪里？三步口算的过程藏在哪里？他是用什么方法呈现三步口算过程的？我们可以发现乘法竖式笔算强调的"从个位起，用一位数依次乘多位数的每一位"算法规则背后是十进位值制计数法的力量。个位上的 6 是用 3 乘个位上的

2 得到的，十位上的 3 是用 3 乘十位上的 1 得到的，数位的背后就是 3×2 和 3×10，个位上的 6 和十位上的 3 合成了 30+6 的和，就是 36。

学生学习活动作品充分体现了学生自主探索用竖式的形式表达算法的过程，凸显了学生基于任务驱动的自主创新意识，在实践中发展了用数学语言描述数学现象的核心素养。

6.1.4 基于学情设教学

基于关键问题的教材研读和学生学情研究成果，我们可以设计教学方案引导学生理解多位数乘一位数（不进位）笔算的算理，经历乘法竖式的形成过程，理解算法背后的本质；体会笔算乘法与口算乘法、笔算乘法和笔算加法之间的联系与区别，提高辨析能力和沟通能力。

◎引入新课

1.复习引入。

师：你能提出什么数学问题？（教师在黑板上摆小棒，每次摆 12 根）

师：一共有几根小棒？你会列式解决吗？

教师出示算式：

$$12+12+12=36（根）\qquad 12×3=36（根）$$

师：你能说一说你是怎么口算 12×3 的吗？

生：先算 2×3=6（根），再算 10×3=30（根），最后把 30 根和 6 根合起来，就是 36 根。

2.揭示课题。

师：除了用口算，我们也可以像加法计算一样，用竖式来进行笔算，今天这节课我们就来学习多位数乘一位数的笔算。

◎自主探索

1.学习活动。

师：你能用一个乘法竖式把像这样的三步口算的过程都记录下来吗？

学生开展学习活动，经历乘法竖式生成的过程。

2.展示交流。

学生学习活动作品见图 6-6 至图 6-10，教师一一点评。

师：他们有用一个竖式记录三步口算的过程吗？

师：和前面作品比，这幅作品好在哪里？

师：2×3、10×3、10+6 在哪里？

…………

3. 梳理总结。

师：你们呈现的这些方法，都很好地表达和记录了口算的过程，你最喜欢哪一种？

师：观察你们最喜欢的这两种竖式（见图 6-11），你有什么发现？

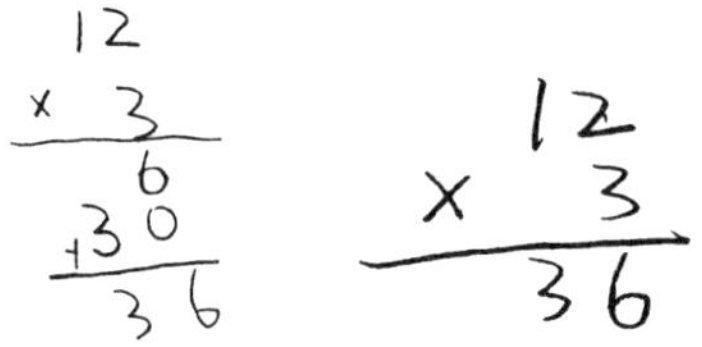

图 6-11 "笔算乘法"课堂教学素材（一）

师：为什么要把 6+30 合成一步呢？

师：我们先笔算几道题，在计算中体会。

◎ **练习巩固**

1. 算一算，说一说，先列竖式计算，再说一说计算顺序。

$$34 \times 2 = \qquad 312 \times 3 =$$

2. 想一想，填一填。

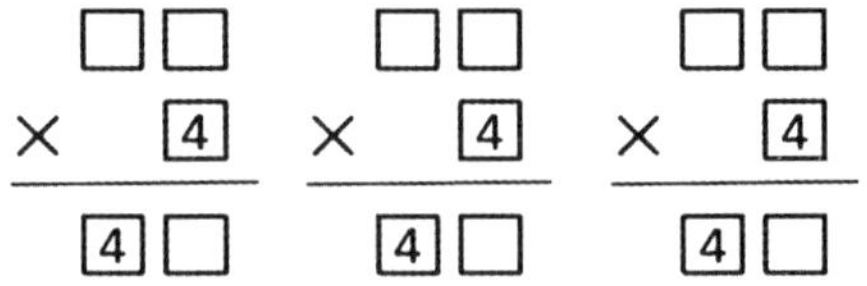

图 6-12 "笔算乘法"练习

3. 试一试：13×4= ？

师：第 2 题只能填 12、11 和 10，为什么不能填 13 呢？

师：第3题13×4的计算结果是什么呢？如何在竖式上表示3×4=12呢？我们下节课再来研究。

◎ **课堂总结**

师：通过今天这节课的学习，你有什么收获？

乘法竖式第一次出现是在多位数乘一位数的笔算中，是用算法描述计算过程的重要节点。学生学习笔算的过程就是研究如何把口算的过程用竖式的形式表示出来的过程。只有让学生经历探索、发现和构建算法形式的过程，才能有效积累如何用数学语言来描述数学现象的活动经验和思想方法，有助于发展学生学科核心素养。

6.2 分数除以整数：分数的意义是算法的源头

学生是在掌握了分数乘法计算方法的基础上开始学习分数除法的。分数除以整数因为分数样式的特殊，呈现出和整数除法不同的算法表达形式。人教版《教师教学用书》中说："分数除法计算方法的探索与理解，历来是教学的一个难点。"那么，如何基于教材研读确定关键问题？如何设计学习活动引导学生自主探索和归纳分数除法的算法，理解分数除法的意义和算理呢？

6.2.1 教材研读理脉络

人教版教材呈现了以折纸活动为载体的问题情境："把一张纸的 $\frac{4}{5}$ 平均分成2份，每份是这张纸的几分之几？自己试着折一折、算一算。"这里安排了两个数学活动——折一折和算一算，编者试图以数形结合的方式帮助学生理解分数除以整数的算理。

折一折的数学活动可以让学生清楚地看到一张纸的 $\frac{4}{5}$，看到 $\frac{4}{5}$ 张纸被平均分成2份，看到平均分后的 $\frac{2}{5}$ 张纸。折纸的过程，就是凸显数学现象的过程，即学生用数学的眼光观察现实世界的过程。

算一算的数学活动，就是用数学思维分析折纸活动中的数学现象，并用数学语言描述数学现象的过程。把 $\frac{4}{5}$ 张纸平均分成 2 份，要求每份是这张纸的几分之几，需要用除法的语言来描述：$\frac{4}{5} \div 2$。在折一折后呈现图 6-13 中的两种方法，形象生动地刻画了 $\frac{4}{5} \div 2$ 的算理与算法。

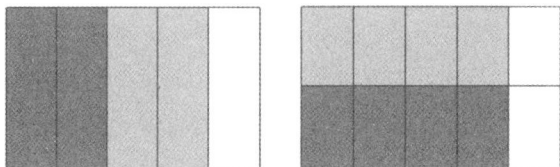

图 6-13　"分数除以整数"课堂教学素材

方法一：把 4 份平均分成 2 份，也就是把 4 个 $\frac{1}{5}$ 平均分成 2 份，每份是 2 个 $\frac{1}{5}$，就是 $\frac{2}{5}$。

方法二：把 $\frac{4}{5}$ 平均分成 2 份，每份就是 $\frac{4}{5}$ 的 $\frac{1}{2}$，因此可以直接用乘法算式 $\frac{4}{5} \times \frac{1}{2}$ 来表示。

两种算法，实质上都是在用数学语言描述平均分成 2 份，或者用除以 2，或者用乘 $\frac{1}{2}$ 的方式来描述数学现象。当学生获得了用两种数学语言来描述数学现象的活动经验之后，教材编者开始打破平衡，呈现以下情境素材："如果把这张纸的 $\frac{4}{5}$ 平均分成 3 份，每份是这张纸的几分之几？"

学生面临两种数学语言的抉择，开始经历从特殊方法到一般方法的过渡，在自主使用算法的过程中感受方法一的局限性和方法二的一般适用性。教材提出的"根据上面的折纸实验和算式，你能发现什么规律"这一问题，引领学生构建分数除以整数的算法法则。

6.2.2　厘清脉络定关键

俞正强老师在《算法怎么教？——以"分数除以整数"为例》一文中，提到教材的编写意图和学生的理解之间的差别在于：教材是将 $\frac{4}{5}$ 的单位"1"作为单位"1"继续分割为 3 份。学生是将 $\frac{4}{5}$ 作为单位"1"分割成 3 份。因而，他提出"用意义来支撑算法的理解"的教学指导思想。

其实，无论是折纸，还是数学算式表达，都是把 $\frac{4}{5}$ 张纸进行平均分。$\frac{4}{5}$ 张纸和一张纸的 $\frac{4}{5}$，本质上表达的都是同样大小的纸，我们不需要关注分得的结果是这张纸的几分之几，我们要强化和凸显的是平均分成 2 份，所得的每份就是 $\frac{4}{5}$ 张纸的 $\frac{1}{2}$，从意义上构建平均分成 2 份，每份就是它的 $\frac{1}{2}$ 的数学关系。

有了这种意义建构，就把除以 2 和乘以 $\frac{1}{2}$ 画上了等号，为后面选择算法算式提供了支撑。究其源头，我们可以发现"分数的意义"一课的价值，对概念的深刻理解和把握是学好数学的重要前提。

因此，本节课的关键问题是"如何引导学生理解把一张纸的 $\frac{4}{5}$ 平均分成 2 份，每份就是 $\frac{4}{5}$ 张纸的 $\frac{1}{2}$"。

6.2.3 基于关键研学情

学生对于"平均分成 2 份，每份就是它的 $\frac{1}{2}$"会有怎样的理解和表达呢？针对关键问题，我们设计了以下学习活动：

把 $\frac{4}{5}$ m^2 平均分成 2 份，每份是它的 $\frac{1}{2}$ 吗？

试一试：请你用写一写、算一算、画一画等方式来说明，为什么可以这样表达？

学生对于分数的意义会有怎样的理解呢？他们在学习活动中会给我们带来什么惊喜呢？我们来看学生的学习活动成果（见图 6-14 至图 6-18）。

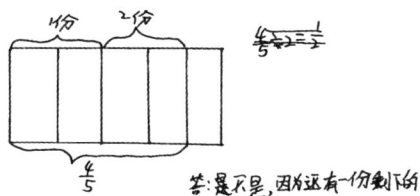

图 6-14 "分数除以整数"学生学习活动作品（一）

可以看出，学生表达的"是它的 $\frac{1}{2}$"，是基于整张纸来描述的。圈了 2 份，除了一样多的 2 份，还剩下一小份，因而才会出现"不是，因为还有一份剩下的"描述。这个也可以从他画掉的不正确的算式 $\frac{4}{5} \div 2 = \frac{1}{2}$ 中看出。

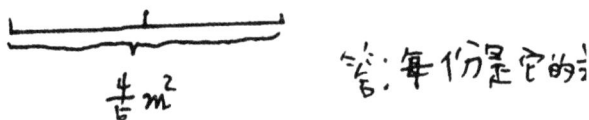

图 6-15 "分数除以整数"学生学习活动作品（二）

学生直接把 $\frac{4}{5}$ 看作一个整体，看作单位"1"，平均分成 2 份，所以每份是它的 $\frac{1}{2}$。学生的表达是清楚的。

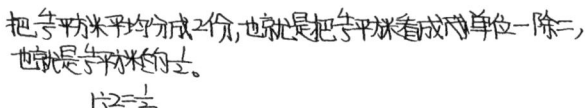

图 6-16 "分数除以整数"学生学习活动作品（三）

学生清楚地表达了他是把 $\frac{4}{5}$ 平方米看作单位"1"，$1 \div 2 = \frac{1}{2}$。因此平均分成 2 份，每份就是 $\frac{4}{5}$ 平方米的 $\frac{1}{2}$。

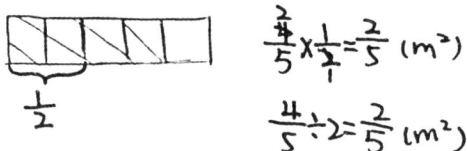

图 6-17 "分数除以整数"学生学习活动作品（四）

每份是它的 $\frac{1}{2}$ 吗？学生用了两种算法来对比说明：$\frac{4}{5} \times \frac{1}{2} = \frac{2}{5}$，$\frac{4}{5} \div 2 = \frac{2}{5}$。两种算法的结果是相等的，因此结论是成立的。

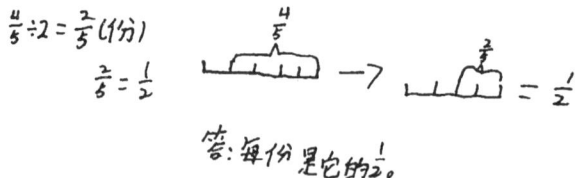

图 6-18 "分数除以整数"学生学习活动作品（五）

学生用数形结合的方式来表达，算式是 $\frac{4}{5} \div 2 = \frac{2}{5}$（份）；图画表示 $\frac{4}{5}$ 平均分成 2 份，每份是 $\frac{2}{5}$，相当于它的 $\frac{1}{2}$。学生用 $\frac{2}{5} = \frac{1}{2}$ 的等式表达平均分后所得的每份是它的 $\frac{1}{2}$。

从学生的学习活动作品来看，有的学生用算式表达，有的学生用画图描述，有的学生用文字表达，他们用自己的方式研究" $\frac{4}{5}$ m²，平均分成 2 份，每份是不是它的 $\frac{1}{2}$ "问题。我们可以发现大部分学生都能从分数意义的视角来理解和说明结论。

6.2.4 基于学情设教学

基于教材研读和学生学情研究的成果，我们可以设计基于关键问题的教学设计，进而破解分数除法的教学难点。

◎**复习引入**

教师出示问题：把图 6-19 平均分成 2 份，每份是多少？可以怎么列式？

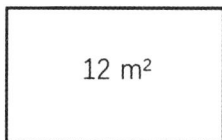

12 m²

图 6-19 "分数除以整数"教学素材（一）

学生列式：12÷2=6 m²；12 × $\frac{1}{2}$ =6 m²。

师：为什么两种算式都可以呢？

教师小结：把 12 m² 平均分成 2 份，每份也就是 12 m² 的 $\frac{1}{2}$。

◎**揭示新课**

教师出示问题：把 $\frac{4}{5}$ m² 平均分成 2 份，每份是多少平方米？

学生观察算式：$\frac{4}{5}$ ÷2 和以前学习过的算式有什么不一样？

教师引出课题——分数除以整数。

学生思考：分数除以整数，也可以按照前面的方法来计算吗？

◎学习探究

1.出示学习活动。

把 $\frac{4}{5}$ m² 平均分成 2 份，每份是它的 $\frac{1}{2}$ 吗？

试一试：请你用写一写、算一算、画一画等方式来说明，为什么可以这样表达？

2.学生自主探究，完成学习活动。

3.组织汇报，学生交流汇报反馈交流。

学生学习活动作品见图 6-14 至图 6-18，教师一一点评。

师：他说清楚了平均分成 2 份，每份就是它的 $\frac{1}{2}$ 吗？他说每份不是它的 $\frac{1}{2}$，因为还有一份剩余的。

师：他和前一个同学的表达有什么不一样？他说清楚了每份就是它的 $\frac{1}{2}$ 吗？他用画图的方式表达了每份就是 $\frac{4}{5}$ 平方米的 $\frac{1}{2}$。

师：他说清楚了平均分成 2 份，每份就是它的 $\frac{1}{2}$ 吗？他用文字的方式说明把 $\frac{4}{5}$ m² 看作单位"1"，每份就是单位"1"的 $\frac{1}{2}$。

师：他说清楚了平均分成 2 份，每份就是它的 $\frac{1}{2}$ 吗？他用算式告诉我们：$\frac{4}{5} \div 2 = \frac{4}{5} \times \frac{1}{2}$。

师：他说清楚了平均分成 2 份，每份就是它的 $\frac{1}{2}$ 吗？和前面一个同学一样，他先画图表示一个整体的 $\frac{4}{5}$，再直接画图表示 $\frac{4}{5}$，也就是把 $\frac{4}{5}$ m² 直接看作单位"1"，每份就是这个单位"1"的 $\frac{1}{2}$。

师：通过刚才的研究和交流，你能得出什么结论？

生：根据分数的意义，把一个数除以几，就是求它的几分之一是多少。

4.想一想：$\frac{4}{5} \div 2$，怎样计算？

教师板书：$\frac{4}{5} \div 2 = \frac{4}{5} \times \frac{1}{2} = \frac{2}{5}$。

展示学生的两种算法：

化成小数：$\frac{4}{5} \div 2 = 0.8 \div 2 = 0.4 = \frac{2}{5}$；直接计算：$\frac{4}{5} \div 2 = \frac{2}{5}$。

师：你最喜欢哪种方法？

◎ **算法强化**

1. 出示：$\frac{4}{5} \div 3$，你觉得可以用图 6-20 中的哪个图来表示这个算式？

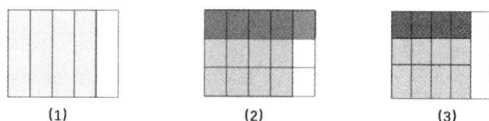

图 6-20 "分数除以整数"教学素材（二）

① 学生选择并说明理由。

② 学生选择自己喜欢的方法并自主计算。

③ 学生借助图解释算法，强化求 $\frac{4}{5}$ 的 $\frac{1}{3}$ 的算法。

2. 计算下面算式：

$\frac{9}{10} \div 3 =$ $\frac{3}{8} \div 2 =$ $\frac{4}{7} \div 5 =$

3. 看图分别列出乘法算式和除法算式。

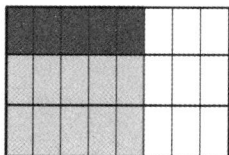

图 6-21 "分数除以整数"教学素材（三）

① 学生看图列式。

② 学生思考：为什么同一幅图，既可以用除法算式来表示，又可以用乘法算式来表示？

教师小结：无论是乘法算式还是除法算式，都是基于数的意义而来的，如果是等合在一起的数学现象就可以用乘法的数学语言表示，如果是把一个东西等分的数学现象就可以用除法的数学语言表示。

◎ **回顾总结**

师：这节课你有什么收获？

学生思考：算式 $\frac{4}{5} \div \frac{1}{2}$ 可以用今天学习的算法来计算吗？

总之，我们着眼于分数的意义的源头，对于学生难以理解和把握分数除法的学情，通过教材研读确定本节课的关键问题是"如何引导学生理解把一张纸的 $\frac{4}{5}$ 平均分成 2 份，每份就是 $\frac{4}{5}$ 张纸的 $\frac{1}{2}$"，引导学生通过学习活动，思考如何说明某数除以 2 就是求它的 $\frac{1}{2}$，学生通过学习活动思考和探索的成果是破解关键问题的重要资源，也是学生理解和把握分数除以整数算法的源泉。

6.3 公顷和平方千米："拙于用大"是因为没有大视角

"公顷和平方千米"是人教版教材四年级上册第二单元的学习内容，作为两个比较大的面积单位，对于学生来说，在生活中直接接触和使用到这两个单位的机会并不多。学生往往因为缺少体验和观察视角而感到学习困难，难以建立表象。那么，如何引导学生建立土地面积公顷和平方千米的概念呢？如何基于教材研读确定本节课的关键问题并设计相应的学习活动呢？

6.3.1 教材研读理脉络

学生在学习公顷和平方千米之前，已经学习过面积及常用的面积单位平方米、平方分米、平方厘米，具备了认识图形面积的方法，积累了建立直观表象的基本活动经验。

教材一开始用"鸟巢"来吸引学生的眼球——"鸟巢"真壮观呀！为什么壮观？因为它比较大。学生对土地面积这一生活化的内容是有经验的，感受过教室面积、校园面积、居住面积等，而"鸟巢"的占地面积是一个相对较大的量，用怎样的单位和语言去描述它的大小，显然就成为学生需要解决的问题。

教材紧跟着开门见山地引出了面积单位——公顷："它的占地面积约 20公顷"，然后分三个层次去认识公顷。

1. 作为面积单位的公顷。

教材直接介绍公顷："测量土地的面积，可以用'公顷'作单位。边长是 100 米的正方形的面积是 1 公顷。1 公顷 =10 000 平方米。"告诉了学生了公顷是什么，怎样的大小是 1 公顷，1 公顷等于多少平方米。

2. 构建 1 公顷大约有多大的表象。

因为公顷是比较大的面积单位，基于学生已有建立的直观表象的活动经验，教材选择了 400 米跑道围起来的面积作为度量标准，帮助学生构建"400 米跑道围起来的部分的面积大约是 1 公顷"的面积表象。

3. 基于实践操作推断 1 公顷的大小。

教材安排了"做一做"，让学生"在操场上量出边长是 10 米的正方形，看看它的面积有多大"。数学活动的目的不是让学生认识公顷，而是基于"边长 10 米的正方形的面积是 100 平方米"去推断和感受 1 公顷的大小，明白多少块这么大的正方形的面积是 1 公顷。

从上面的梳理可以看出，公顷的面积单位是怎么创造的、它的直观表象是什么，如何基于一个相对较小的面积去推断 1 公顷的大小就成为学生认识公顷的学习内容。

"鸟巢"是壮观的，因为它的占地面积有 20 公顷，还有更大的吗？我国的国土面积，该用什么面积单位来描述呢？教材分三个层次引导学生去认识平方千米。

第一层次：教材呈现"我国陆地领土面积约为 960 万平方千米"，直接告诉学生"计量比较大的土地面积，常用'平方千米'（km²）作单位"。

第二层次：教材直接引出"1 平方千米有多大"的问题，有两种对应的数学语言描述 1 平方千米的大小：边长是 1 千米的正方形的面积是 1 平方千米；1 平方千米 =1 000 000 平方米 =100 公顷。

这两种描述方式都在告诉我们 1 平方千米有多大，学生可以从面积单位的视角去想象，也可以从关系的视角去感受，构建 1 平方千米的数学模型。

第三层次：构建 1 平方千米的表象——"1 平方千米比 2 个天安门广场还要大一些"。天安门广场很大，1 平方千米更大，直观体会平方千米是一个相对较大的面积单位。

6.3.2 厘清脉络定关键

从教材梳理中，我们可以发现无论是公顷还是平方千米，两者都是因需要度量较大的土地面积而产生的。"鸟巢"很大，我国的国土面积更大，因为大所以需要大的面积单位来度量。就像之前学习面积一样，因为实际度量的需要，有了平方厘米、平方分米，又有了平方米。那么，大的面积需要用什么面积单位去度量呢？基于已有的经验，学生应有这样的数学眼光去观察现实世界，在此基础上通过思考，尝试用自己的数学语言描述自己的数学思维成果。

为什么学生学习公顷和平方千米会有难度？因为这两个面积单位有点大，学生难以体会和想象。《庄子·逍遥游》中讲了一个寓言故事："惠子谓庄子曰：'魏王贻我大瓠之种，我树之成而实五石。以盛水浆，其坚不能自举也。剖之以为瓢，则瓠落无所容。非不呺然大也，吾为其无用而掊之。'"这个大葫芦因为太大，又不够结实，不能装水，不能做瓢，还有什么用呢？因此惠子说它没有用。面对惠子的这个问题，庄子一语道破"夫子固拙于用大矣"。因为视角不够，所以难以感受"大"的用途。同样道理，因为视角不够、感知不够，学生对于大的面积单位的理解也会有难度。

需要大的面积单位去度量，那么如何创造这样的面积单位呢？根据怎样的规则去设计呢？已有的知识和经验支撑着学生开始新的创造。2022 年颁布的《义务教育数学课程标准》提出了"量感"的概念，量感主要是指对事物的可测量属性及大小关系的直观感知。创造什么面积单位去度量"鸟巢"的面积、天安门广场的面积、鹿城区的面积、温州市的面积，乃至浙江省的面积、我国的国土面积，这需要学生有量感，需要学生有对于量的比较、运算和估计的感悟。

根据上面分析，本节课的关键问题应当是："对于大的土地面积需要较大的面积单位去度量，你能创造新的面积单位吗？"新的面积单位，怎样去创造，基于怎样的规则去创造，就成了学生学习活动思考和探索的重点。

6.3.3　基于关键研学情

针对本节课的关键问题"对于大的土地面积需要较大的面积单位去度量，你能创造新的面积单位吗"，学生会创造什么样的面积单位，怎样去创造，基于怎样的规则去创造呢？我们设计了以下学习活动来研究学生学情：

①读一读。

通过以前的学习，我们已经知道：边长 1 厘米的正方形的面积是 1 平方厘米；边长 1 分米的正方形的面积是 1 平方分米；边长 1 米的正方形的面积是 1 平方米。

②试一试。

根据学习经验，你能创造新的面积单位吗？可以用文字、画图等方式来表达你的思考。

"读一读"是为了激活学生已有的经验，让学生感受学了哪些面积单位和这些面积单位是怎么规定的。"试一试"是让学生基于已有的知识、技能、经验和思想方法创造新的面积单位，并用自己的方法解释新的面积单位。

我们来看学生的学习活动作品（见图 6-22 至图 6-29）。

平方毫米，平方千米，公顷

图 6-22　"公顷和平方千米"学生学习活动作品（一）

只有抽象的名词，没有创造的过程。只有面积单位的名称，这可能是学生看过的、听到的名词。

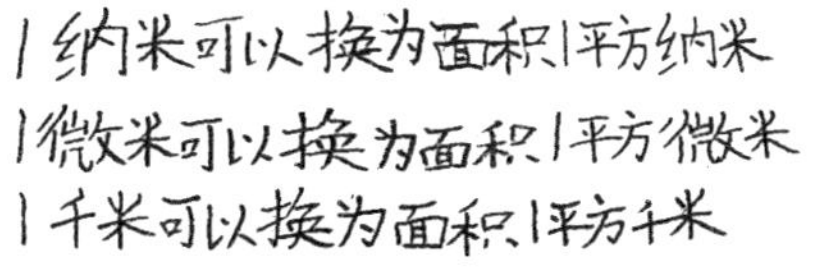

1 纳米可以换为面积 1 平方纳米
1 微米可以换为面积 1 平方微米
1 千米可以换为面积 1 平方千米

图 6-23　"公顷和平方千米"学生学习活动作品（二）

学生开始创造新的面积单位，平方纳米、平方微米两个单位是由前面"读一读"中的样式而得到的。显然这两个单位的表象是无法言传的，也没法表示出来。1平方千米的出现则是理所当然。学生在语言表达上用了"换为"，是在凸显从长度到面积的单位构建轨迹，但是没有揭示这个新的单位是如何规定的。

图6-24 "公顷和平方千米"学生学习活动作品（三）

学生用以前学习过的面积单位来描述新的面积单位，很清楚地描述了新的面积单位是基于怎样的规则创建的。边长1千米和边长1毫米的正方形作为面积单位的铺垫是顺理成章的。"边长1公顷"非常有意思，说明他们听过或见过公顷的概念，但不明白公顷是什么，将其和长度单位混为一谈。

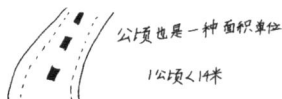

图6-25 "公顷和平方千米"学生学习活动作品（四）

学生说"公顷也是一种面积单位"，他描述成"1公顷＜1千米"，也是在用长度比较的方式来表达自己对公顷的理解。可见学生对公顷有着模糊的认识，这是面积单位的"名"在发生着负面作用。

图6-26 "公顷和平方千米"学生学习活动作品（五）

因为对千米长度单位的熟悉，学生构建平方千米这个面积单位就显得顺理成章，能建立面积的表象，也能用画图的形式把面积单位表达出来。想清楚了，就是在心里备好了平方千米的"象"。画出来了，就是把心里备好的"象"和实际的大小相应了。

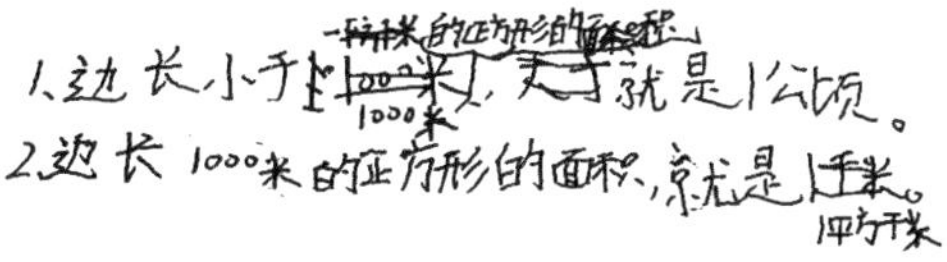

图 6-27 "公顷和平方千米"学生学习活动作品（六）

因为对公顷不熟悉，学生就很难理解公顷，但是他们统一的认识是公顷是一个比平方千米要小的面积单位。

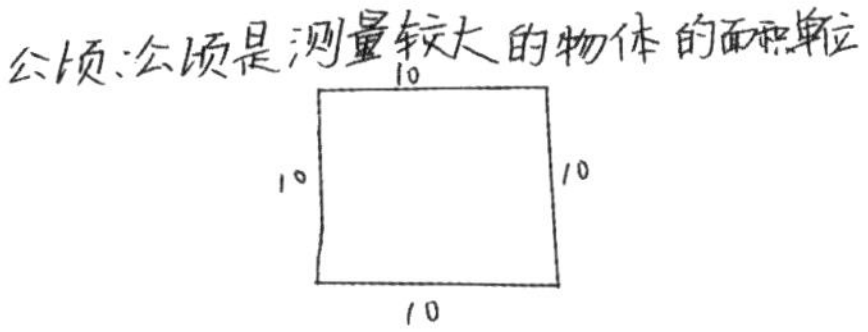

图 6-28 "公顷和平方千米"学生学习活动作品（七）

学生知道公顷是一个面积单位，到底是一个怎样的单位呢？比边长为1000千米的正方形的面积肯定要小，那么可能是边长为10米的正方形吧，学生选择了用这种方式去描述公顷。

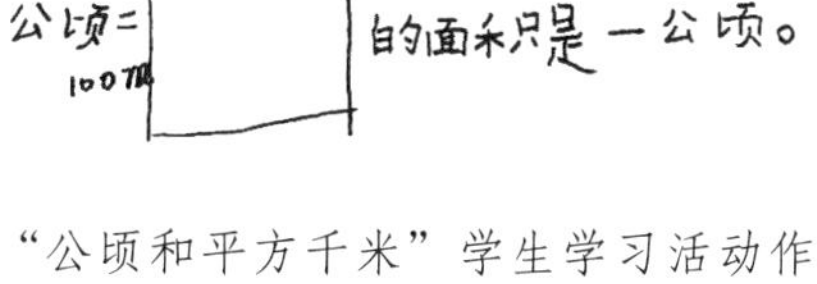

图 6-29 "公顷和平方千米"学生学习活动作品（八）

从边长是10米的正方形到边长是100米的正方形，到底哪个对于公顷的描述是正确的呢？图6-28和图6-29成为构建面积单位的学习素材，而且，教师由此可以给出在操场上量出边长是10米的正方形的数学活动的建议，让学生去看看这个边长为10米的正方形面积到底有多大，然后去判断它能不能得到公顷这个面积单位，这有助于帮助学生更好地构建公顷的表象。

6.3.4 基于学情设教学

基于教材研读和学生学情研究成果，我们可以设计基于关键问题的教学设计，进而破解"拙于用大"的困惑。

◎**复习引入**

1.填空。

①指甲盖的面积大约是 1（　　　）。

②一块手帕的面积大约是 4（　　　）。

③卧室的面积大约是 15（　　　）。

2.思考。

①足球场的面积大约是（　　　）。

②公园的面积大约是（　　　）。

③我国的国土面积大约是（　　　）。

师：观察思考题中你们填写的面积单位，你有什么感觉？

生：大、很大、非常大。

◎**探究新知**

1.思考：对于这些大的面积要使用什么单位呢？

2.探究：出示学习活动。

①读一读。

通过以前的学习，我们已经知道：边长 1 厘米的正方形的面积是 1 平方厘米；边长 1 分米的正方形的面积是 1 平方分米；边长 1 米的正方形的面积是 1 平方米。

②试一试。

根据学习经验，你能创造新的面积单位吗？可以用文字、画图等方式来表达你的思考。

3.学生自主探究，完成学习活动。

4.学生交流汇报。

学生学习活动作品见图6-22至图6-29，教师一一点评。

师：他创造了什么新的面积单位？他是怎么创造的？有新的面积单位，但没有说明是怎么创造的。

师：他创造了什么面积单位？和前一幅作品有什么不同？这是小的面积单位，是用来表示更小的面积。

师：他创造了什么新的面积单位？他是怎么创造的？他不但创造了平方千米，还告诉我们平方千米是怎么得到的。

师：他是怎么创造的？他不但告诉我们什么是平方千米，还画图解释了。

师：他的表达有什么不一样？他是用边长10米的正方形的面积来描述公顷。

…………

5.教师小结：边长100米的正方形的面积是1公顷，边长1000米的正方形的面积是1平方千米。这是两个用来描述大的土地面积的单位。

◎ **练习巩固**

1.填上合适的单位。

①温州体育中心体育场的面积大约是1（　　　）。

②温州白鹭洲公园的面积大约是21（　　　）。

③鹿城区的面积大约是293（　　　）。

④温州市的陆域面积大约是12 110（　　　）。

⑤我国的国土面积大约是960万（　　　）。

2.自主观察，梳理面积单位的关系。

边长1米的正方形的面积是1平方米；边长100米的正方形的面积是1公顷；边长1000米的正方形的面积是1平方千米。

3.算一算，填一填。

7公顷 =（　　　）平方米

60 000平方米 =（　　　）公顷

5 平方千米 = （　　　　）公顷

12 000 000 平方米 = （　　　　）公顷 = （　　　　）平方千米

◎**梳理提升**

师：边长为 10 米的正方形的面积是一个单位吗？

师：边长为 10 米的正方形的面积也是一个单位，这个单位是什么呢？请同学们课后自行查阅资料。

课后活动：在操场上量出边长是 10 米的正方形，看看它的面积有多大。并算一算几块这样大的正方形的面积是 1 公顷。

◎**总结回顾**

通过这节课的学习，你有什么收获？

总之，鉴于学生在视野和感知方面存在不足，对大的面积单位的理解有难度这一学情，我们通过教材研读确定了"对于大的土地面积需要较大的面积单位去度量，你能创造新的面积单位吗"这一关键问题，引导学生通过学习活动，思考要创造什么面积单位，怎么去创造，基于怎样的规则去创造。关键问题成了学生学习活动思考和探索的重点，而相应地破解这一关键问题的学习活动，则如同触发器一般，能够成就学生在学习过程中的精彩表现。

6.4　认识分数：你怎么知道要分几份

分数的初步认识是人教版教材三年级上册第八单元的内容，教材结合生活实例，帮助学生感受和直观认识分数的含义，并通过简单分数的大小比较和计算，帮助学生初步建立分数的概念，为进一步学习分数和小数奠定基础。从这个单元开始，学生第一次遇见不能用整数表示的量，而且这个量不是可以通过一般的计数活动得到的一个数，按照教师教学用书的说法，"是一个代表了两个量关系的相对量"。那么，我们该如何引导学生来认识这个"代表了两个量关系的相对量"呢？如何确立认识分数的关键问题和学习活动呢？

6.4.1 教材研读理脉络

"初步"是什么意思？就是指开始阶段的、不太完备的。作为认识分数的开始阶段，本单元主要凸显的是分数表达的"部分—整体"这一概念中"部分"的含义，所有教学内容的安排都是围绕这一基本含义展开的。相对于分数的多个含义来说，这是不太完备的。

教材一开始呈现的单元主题图"秋游户外野餐"场景，蕴含了平均分物品有时候会出现分的结果不能用整数表示的情况，需要用一种新的数来表示。教材呈现的第一个研究素材是"把一个月饼平均分成 2 份"的生活情境：两个小朋友分一个月饼，"这个月饼我们一人一半"。

"一半"的说法很好地体现了每人分到的月饼和整个月饼的关系，理解这个关系的关键是要让学生把握这个"一半"是怎么得到的——"把一个月饼平均分成 2 份，每份是这个月饼的一半"。那么"一半"如何用数学语言描述呢？"也就是它的二分之一，写作 $\frac{1}{2}$。"这是一种规定好的数学语言，不需要探究，它是基于"把一个月饼平均分成 2 份，每份是这个月饼的一半"出现的，是用来表达和描述类似的数学现象的。

有了这样的语言，教材开始呈现"把一个月饼平均分成 4 份""把一个圆平均分成 3 份""把一个长方形平均分成 5 份"等练习，引导学生用数学语言描述部分，凸显部分与整体的关系。

当 $\frac{1}{2}$、$\frac{1}{3}$、$\frac{1}{4}$、$\frac{1}{5}$ 这些新的数学语言出现后，教材以"像这样的数，都是分数"来引出分数的概念，很好地凸显了初步认识的定位。关于分数的各部分名称和读写法，我们仔细品读，就会发现它们都在很清楚地表达部分与整体的关系（见图 6-30）。

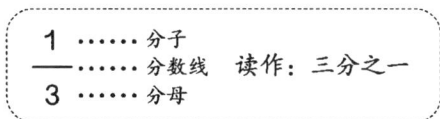

$$
\begin{array}{l}
1 \cdots\cdots\text{分子} \\
\overline{} \cdots\cdots\text{分数线} \quad \text{读作：三分之一} \\
3 \cdots\cdots\text{分母}
\end{array}
$$

图 6-30 "分数的初步认识"课堂教学素材（一）

"1"表示的是部分，"3"表示的是整体；"一"表示的是部分，"三"

表示的是整体；"子"表示的是部分，"母"表示的是整体。利用分数这种数学语言，可以清晰地描述平均分后得到的部分和整体的关系。

有了这样的眼光，教材安排了让学生"拿一张正方形纸折一折，表示出它的 $\frac{1}{4}$"的学习任务，就是让学生利用数学思维表达一张正方形纸部分和整体的关系，表达出部分是 1 整体是 4 的关系。因为是表达关系，与具体分得的形状无关，所以学生折的方法可以是多样的。多样化折法的背后是基于 1 和 4 的部分与整体的关系，通过这个学习活动学生可以更好地理解分数的本质含义。

有了对分数含义的理解，就可以运用分数解决生活中的数学问题，几分之一作为分数单位的价值也随之被凸显出来。

谁比谁多？同样是 1，对于整体是 2、4 或 6 来说，每份的大小显然是不一样的，$\frac{1}{2}$ 比 $\frac{1}{4}$ 大，$\frac{1}{4}$ 比 $\frac{1}{6}$ 大。比较几分之一的大小，实际上就是在比较分数单位的大小，就是在感悟分数单位。

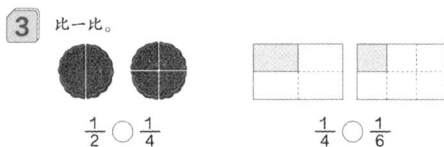

图 6-31 "分数的初步认识"课堂教学素材（二）

《义务教育数学课程标准（2022 年版）》提出要"结合具体情境，初步认识分数，感悟分数单位"。从数的认识的一致性上说，分数单位和计数单位一样，是认识分数的基础。对于自然数来说，有几个计数单位就是几。同样，对于分数来说，有几个分数单位就是几分之几。在学习几分之几时，教材首先强调的是"每份是它的 $\frac{1}{4}$""每份是它的 $\frac{1}{10}$"，然后说明 2 份、3 份是它的几分之几。比较几分之几的大小（分母相同），实际上就是在比分数单位的数量。

《义务教育数学课程标准（2022 年版）解读》一书中提出："分数表达的基本方式是分数单位。一个分数由'数字 + 分数单位'构成，如 $\frac{3}{5}$ 是 3

个 $\frac{1}{5}$。将分数单位和位值制中的数位统一起来就是计数单位。"该单元后面编排的"分数的简单计算"充分发挥了分数单位的价值，分数的加法是计数单位的累加，也就是分数单位的累加。

6.4.2 厘清脉络定关键

通过教材研读和梳理，我们知道了"分数的初步认识"主要是认识分数部分—整体关系的含义，"是一个代表了两个量关系的相对量"。如何引导学生认识它是代表两个量关系的相对量呢？对分数单位的理解和认识是破局的关键。

$\frac{1}{2}$ 是怎么得到的？它是"把一个月饼平均分成 2 份，每份是这个月饼的一半"。学生对于"一半"有丰富的生活经验，有分到月饼一半的"象"的支撑，知道有 2 个"一半"，明白"一半"是这个月饼的一半，能理解部分和整体的关系。从分数单位的视角去看，就是用"一半"去度量整体，有这样的 2 个"一半"，就是一半是 $\frac{1}{2}$，这个整体有 2 个 $\frac{1}{2}$。

那么 $\frac{1}{3}$、$\frac{1}{4}$、$\frac{1}{5}$ 是如何得到的呢？从分数单位的角度去看，我们需要让学生经历创设分数单位来描述部分和整体关系的过程。例如，图 6-32 中的涂色部分，该用几分之一来表示呢？

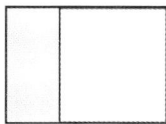

图 6-32 "分数的初步认识"课堂教学素材（三）

用 $\frac{1}{2}$ 来表示，显然是偏大了，得创造一个新的几分之一来表示。如何创造呢？需要用涂色部分去度量这个长方形，去表达它和这个长方形的关系。通过折一折、量一量等方式，学生可以明确这个长方形里有这样的三个涂色部分，它们是 1 和 3 的关系。也就是说，这个涂色部分恰好是把这个长方形平均分成 3 份得到的，可以用 $\frac{1}{3}$ 来表示，$\frac{1}{3}$ 是用来表示涂色部分和长方形整体关系的单位。$\frac{1}{4}$ 和 $\frac{1}{5}$ 也是如此，是以此描述整体，用来表达部分和整体关系的分数单位。

前面我们已经说过，比较几分之一的大小，实际上就是在比较分数单位的大小。从教材内容来看，认识几分之一就是在认识分数单位，它是学生进一步认识几分之几和进行分数简单计算的基础。因此，我们要以计数单位一致性的眼光去认识"几分之一"的教学价值，凸显分数单位的意义，构建数的认识的一致性。

《义务教育数学课程标准（2022 年版）解读》中提到："分数的扩充来自表达比 1 小的数量：需要对一个物体进行切割，整体中的'部分'用新的数来表示。"当我们把一个月饼平均分成 2 份，其中的 1 份就用 $\frac{1}{2}$ 表示；把一个长方形平均分成 3 份，其中的 1 份就用 $\frac{1}{3}$ 表示。几分之一的出现也就产生了分数单位，以分数单位为基础，就可以表达更多的分数。可见，分数和自然数一样，都是采用"数字 + 计数单位"的方式来表示，具有表达方式的一致性。

因此，本节课的关键问题是"如何结合具体情境，引导学生在初步认识几分之一的过程中感悟分数单位"，把认识和构建分数单位作为本节课教学的核心，以此引导学生理解和把握分数用来表示整体中的部分的含义。

6.4.3 基于关键设活动

张奠宙教授曾经撰文指出：事实上，对一个平均分问题，有两种情形，其中的情形二是先知道分到的一部分的大小，然后问"该部分在整体中占多少"。至于整体要平均分为几份，那是需要计算或测量的。

如果知道分到的一部分是"一半"，那么要解决"该部分在整体中占多少"时，对于整体要平均分成几份的计算或测量学生是有经验支撑的，因此可以直接让学生基于生活经验和活动经验得出"把月饼平均分成 2 份，每份是这个月饼的一半"。这个"一半"的部分可以用 $\frac{1}{2}$ 来表示，表达出这个"一半"和整体的关系。因此，$\frac{1}{2}$ 的认识是有经验支撑的，不是学生研究的难点。

基于本节课的关键问题，我们设计了以下学习活动，让学生用自己喜欢的方式去描述部分占整体多少。

试一试：用什么数表示图6-33中涂色部分在整体中占多少？

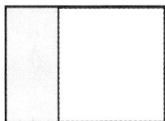

图6-33 "分数的初步认识"学生学习活动

涂色部分占这个长方形的大小该如何表示呢？学生先要对整体进行平均分，再精确计算和细致测量，在此基础上，运用已有的学习经验，尝试用自己的数学语言去描述和表达这一分析过程。那么，学生会呈现怎样的学习活动成果呢？

我选择了几个没有学习过分数的学生进行测试，他们的作品让我心生欢喜（见图6-34至图6-36）。

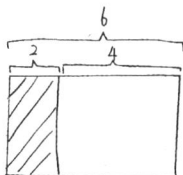

图6-34 "分数的初步认识"学生学习活动作品（一）

学生不是用一个数来表示涂色部分占多少，而是用了2、4、6三个数分别表示图6-33中的涂色部分的宽、未涂色部分的长和大长方形的长，以宽的长度来描述和表达涂色部分和整体的关系。该学生虽然没有明确的在图中表示涂色部分占整体的多少，但我们将目光聚焦于其绘制的图示上时，能发现他标记的三段长度足以清晰地显现涂色部分与整体的内在关系。

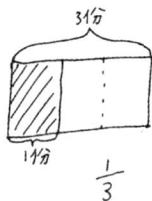

图 6-35　"分数的初步认识"学生学习活动作品（二）

学生很清晰地表达了涂色部分是 1 份，长方形中有这样的 3 份，可以用 $\frac{1}{3}$ 来描述涂色部分在整体中占多少。

图 6-36　"分数的初步认识"学生学习活动作品（三）

学生用度量的方法，通过平移涂色部分去度量长方形，得到长方形整体有 3 个这样的涂色部分，涂色部分占了其中的一份，从而得出用三分之一来表示。

通过学生的学习活动作品，我们可以发现学生能够通过自己的测量或计算方式，得到整体要平均分成几份，并用合适的数来表示"该部分在整体中的占比"。通过类似的学习活动，能够有效促进学生基于部分—整体的含义构建分数，从而理解和感悟分数单位。

6.4.4　基于活动设教学

根据"如何结合具体情境，引导学生在初步认识几分之一的过程中感悟分数单位"的关键问题，我们把认识和构建分数单位作为本节课教学的核心，引导学生理解用分数表示部分在整体中占多少的数学问题，理解分数表达部分—整体的含义。

◎**复习引入，感受单位**

1. 出示 6 个月饼：用什么数表示月饼的数量？为什么？

学生体会有 6 个一，因此用 6 表示月饼的数量。

2. 出示 4 个月饼：用什么数表示月饼的数量？为什么？

3. 出示半个月饼：用什么数表示月饼的数量？

◎**基于单位，表示一半**

学生想知道半个月饼怎么表示，需要知道这半个月饼是怎么得到的。

教师出示一个将一个月饼平均分成 2 份的视频。

师：用什么作单位来表示这半个月饼？

生：用这个月饼的一半作单位。

◎**表示单位，研究分数**

1. 用这个月饼的一半作单位，像这样把一个月饼平均分成 2 份，每份是这个月饼的一半，也就是它的二分之一，可以用 $\frac{1}{2}$ 来表示，这半个月饼占整个月饼的 $\frac{1}{2}$。

2. 学生自主研究：试一试，用什么数表示图 6-37 中的涂色部分在整体中占多少？

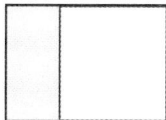

图 6-37 "分数的初步认识"学习素材（一）

3. 学生学习活动作品展示。（见图 6-34 至图 6-36）

教师小结：通过研究，学生发现长方形中有三个这样的涂色部分，也就是把一个长方形平均分成 3 份，每份是这个长方形的三分之一，可以用 $\frac{1}{3}$ 来表示，这个涂色部分占整个长方形的 $\frac{1}{3}$。

◎**深化研究，构建单位**

1. 试一试：用什么作单位表示图 6-38 中的各部分？

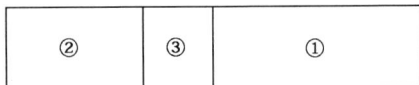

图 6-38 "分数的初步认识"学习素材（二）

2.学生自主选择研究，汇报展示作品。

生 1：①号部分用这个长方形的 $\frac{1}{2}$ 作单位得到的，量了 2 次。（见图 6-39）

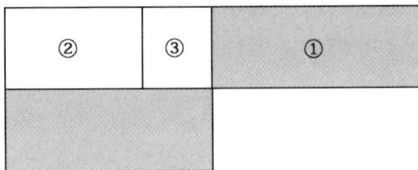

图 6-39 "分数的初步认识"学生学习活动作品（一）

生 2：②号部分用这个长方形的 $\frac{1}{3}$ 作单位得到的，量了 3 次（见图 6-40）。

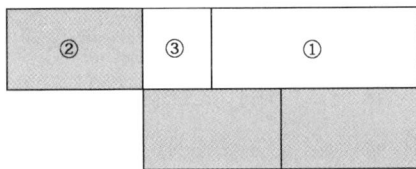

图 6-40 "分数的初步认识"学习活动作品（二）

生 3：③号部分用这个长方形的 $\frac{1}{6}$ 作单位得到的，量了 6 次。（见图 6-41）

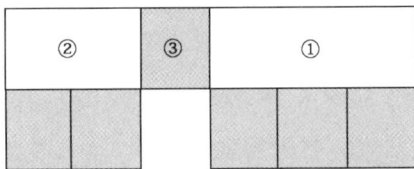

图 6-41 "分数的初步认识"学生学习活动作品（三）

3.观察图 6-42 中的几分之一，你有什么发现？

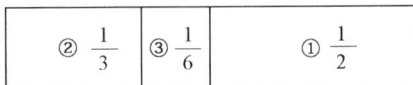

图 6-42 "分数的初步认识"学习素材（三）

当大单位 $\frac{1}{2}$ 不够表示所有部分的时候，我们继续往下分，得到小一点的单位 $\frac{1}{3}$ ，$\frac{1}{3}$ 还不能表示所有部分的时候，我们继续往下分，得到更小的单位 $\frac{1}{6}$ 。

4.试一试：用图 6-43 中的图形创造几分之一。

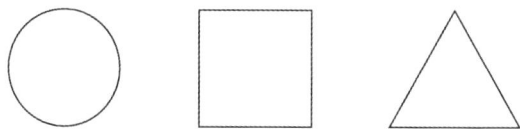

图 6-43 "分数的初步认识"学习素材（四）

①学生自主动手操作。

②学生汇报交流。

教师小结：像 $\frac{1}{2}$ 、$\frac{1}{3}$ 、$\frac{1}{6}$ 这样的数就是分数，这些几分之一就是通过平均分得到的，它是用来计数的分数单位。

◎**练习应用**

1.用分数表示图 6-44 中的涂色部分。

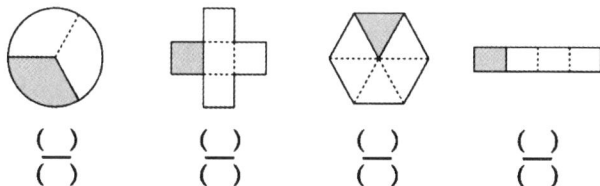

图 6-44 "分数的初步认识"课堂练习（一）

2.看图写出分数，并比较每组分数的大小。

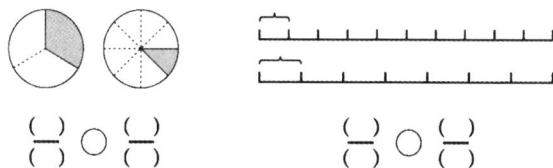

图 6-45 "分数的初步认识"课堂练习（二）

3. 比一比分数的大小。

$$\frac{1}{2} \bigcirc \frac{1}{4} \qquad\qquad \frac{1}{4} \bigcirc \frac{1}{6}$$

4. □是一个图形的 $\frac{1}{4}$ ，这个图形是什么形状？试着在方格图上画一画。

◎ **概括总结**

通过这节课的学习，你有什么收获？

总之，我们应把认识和构建分数单位作为本节课教学的核心，引导学生自主尝试表示涂色部分占整个长方形的几分之一，自己测量和计算从而解决问题，在具体的活动情境中认识几分之一，感悟分数单位，理解分数表示整体中的部分的含义。

6.5 认识周长：边界是物体的边缘

认识周长是人教版教材三年级上册第七单元的学习内容，教材给出了周长的一般概念，引导学生探索周长的测量方法，研究长方形和正方形的周长计算公式。"认识周长"是一节典型课，有很多的研究课例，值得我们去反复思考和研究。

6.5.1 教材研读理脉络

周长作为一个概念，我们一般从"是什么""怎么得到""有什么用"三个方面进行研究。周长是什么？人教版教材对其的描述是"封闭图形一周的长度，是它的周长"。

这里关于周长的描述有两个关键词：封闭图形、一周。那么，我们要问，什么是封闭图形？什么是一周？学生知道什么是封闭图形吗？一周在哪里？为什么封闭图形才有周长？怎么让学生体会一周的长度？

《几何原本》里有个词"边界"，是用来描述物体的边缘的，原文是"边界是物体的边缘"。周长的概念就是针对物体的边缘而言的，因而我们需要理解什么是边界。

看到边界，我们就会想到边界线、国境线。跨出国境线就意味着你出国了，我们伟大的祖国的边界在哪里？这个边界就是中国地图的边缘线。线外就是国外，线内就是国内，线上就是边界上。对于边界的认识，就是对物体一周的认识。

同时，有了边界的认识，也就有了内外的认识。我国台湾地区教材中有关于动物在围篱的内部、外部、边界上这一内容，如图6-46所示：

图6-46 中国台湾地区数学教材内容

哪些动物在围篱的内部？哪些在外部？哪些在边界上？基于边界，我们可以作出明确的判断。有了内外的认识，对于封闭图形的理解就可以迎刃而解了，因为封闭图形与边界有关，边界不清，哪来内外。

图6-47中的小动物，它在图形的内部还是在外部？无法表达。因为这个图形的边界是不清楚的，没有边界，就无法确定小动物是在内部，还是在外部。边界不清，是因为这个图形没有一周。《几何原本》里说，"图形是由一个边界或几个边界所围成的"，围在一起的图形才会有边缘，才会有一周边缘的长度。

图6-47 "认识周长"教学素材（一）

6.5.2 厘清脉络定关键

知识的背后都应当有个"象"，有了"象"的支撑，有助于学生更好地理解概念。周长是什么？它的"象"是什么？苏教版教材呈现的学习素材（见图6-48）很好地凸显了周长的"象"——一周的边线。

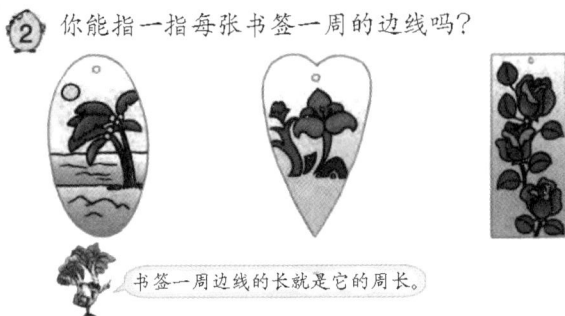

图 6-48 苏教版"认识周长"素材（一）

周长的"象"就是一周的边线。但是这个边线的出现不是凭空而来的，而是基于对于图形内外的判断依据而来的。一个人在国内还是国外，就看他在国境线内还是国境线外，边线的价值和意义就是这样显现出来的。

图6-49中的小动物是在内部还是在外部呢？只要在边线的里面就是在图形的内部，在边线的外面就是在图形的外部。

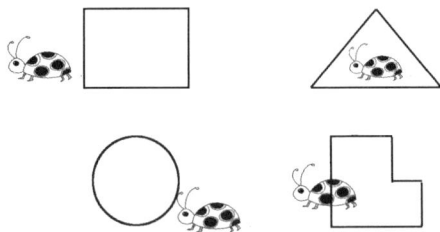

图 6-49 "认识周长"教学素材（二）

图6-49中的4种情况是非常容易判断的，但是图6-47中的瓢虫是在图形的内部还是外部呢？为什么不能判断？它和图6-49有什么不同？瓢虫爬的过程就是区别边线的过程。如果把瓢虫放在一端让它沿着边线爬，

它能爬到出发的地方吗？瓢虫在图 6-49 中的 4 个图形的某一处沿着边线爬，都能爬到出发的地方，也就意味着这 4 个图形具有一周的边线。瓢虫在图 6-47 中的图形上爬，不能爬到出发的地方，说明该图形不具有一周的边线。

由此，封闭图形就出现了。那么，这些封闭图形的边线有什么特点呢？可以发现边线的形状不一样，长短不一样：有些图形的边线是由 3 条线段连起来的，有些是由 4 条线段连起来的，有些是由一条曲线包围起来的；边线有的长，有的短。

从边线到边线的长度，边线就具有了长度的标识，苏教版教材在"想想做做"中对边线认识做了进一步的强化（见图 6-50）。

1. 分别指出数学书封面、课桌面和三角尺一周的边线。

2. 描出下面每个图形一周的边线。

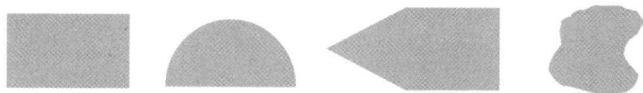

图 6-50 苏教版"认识周长"素材（二）

边线相同的地方是什么呢？从形上看都是一周，从量上看都是长度。因此，什么是周长？就是边线的长度，就是封闭图形一周边线的长度。这个边线的长度，就是封闭图形的周长。

"认识周长"的关键问题就是引导学生构建周长的概念，有了周长的概念，就有了用周长之名去看图形一周边线长度的数学眼光：你能用红笔描出图 6-51 中封闭图形的周长吗？

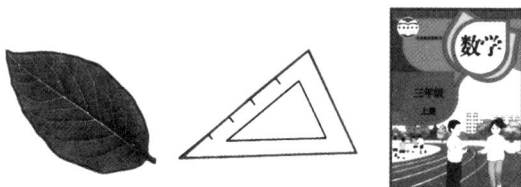

图 6-51 "认识周长"教学素材（三）

如何判断学生有没有描出这些封闭图形的周长，就看他有没有描出一周边线的长度。如果学生描出的是一周边线的长度，那么他就是描出了封闭图形的周长；如果他描出的长度比一周边线长，那么他描出的就不是封闭图形的周长；如果他描出的长度比一周边线短，那么他描出的也不是封闭图形的周长。图6-52是学生的作品，因为描出的长度比一周边线的长度要长，所以他描的不是图形的周长。

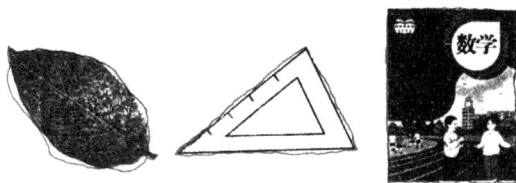

图6-52 "认识周长"学生学习活动作品（一）

构建了概念，就明白了周长是什么。学生描的过程就是强化周长概念认识的过程，即明确"周长是什么"的过程，这就是本节课的关键问题。

6.5.3 基于关键设活动

明确了"周长是什么"，接下来就要探索和思考"怎么得到周长"。"是什么"是理，"怎么得到"就是法。怎么得到周长呢？我们设计了两个学习活动来引导学生怎么得到周长，让学生在探索活动中进一步理解和把握周长的概念。

第一个学习活动为《义务教育数学课程标准（2022年版）》中的案例：

通过作图认识三角形周长：把三角形的三条边依次画到一条直线上，认识三角形的周长。

图6-53 "认识周长"学生学习活动（一）

这个学习活动是通过作图，让学生进一步理解什么是图形的周长，体会一周边线的长度就是三条边首尾相连得到的一条线段的长度，这条线段的长度就是这个三角形的周长。周长的"象"是一周的边线，也就是一条线段，这条线段是三角形的边合在一起的长度。

第二个学习活动是让学生用一条线段把图 6-54 中图形的周长表示出来，进一步理解概念，感悟算法。

试一试：用一条线段表示图 6-54 中图形的周长。（注意表示出你的思考过程）

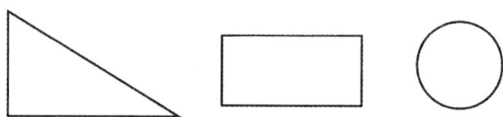

图 6-54　"认识周长"学生学习活动（二）

长方形的周长就是由 4 条边合起来的一条线段；三角形的周长就是由 3 条边合起来的一条线段；圆的周长就是这条包围成圆的线展开后的线段。这条线段的长就是这些图形的周长，作图的过程就是构建算法的过程。明白了算理，算法自然而然就会显现。

图 6-55 中两个图形的周长是多少？怎样计算？

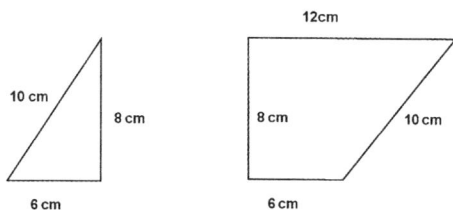

图 6-55　"认识周长"课堂练习（一）

根据周长是什么，学生自然可以理解以下等式：6+8+10=24（cm），6+8+10+12=36（cm）。那么，当这两个图形合并成一个图形（见图 6-56）时，它的周长是多少呢？是用 24+36 计算吗？

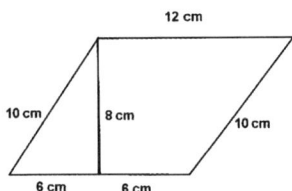

图 6-56 "认识周长"课堂练习（二）

这既是学生对周长算法的进一步理解，更是对周长概念的进一步把握，让学生明确"是什么"和"怎么得到"。那么，把这个平行四边形剪去一部分后，得到如图 6-57 所示的三角形，左右两边的小三角形周长谁长谁短呢？应该如何比较呢？

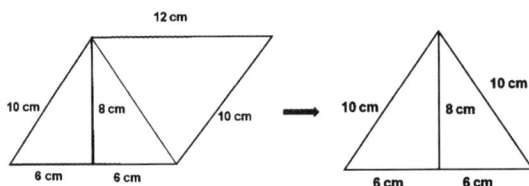

图 6-57 "认识周长"课堂练习（三）

学生有两种比较方法：分别算出左边三角形和右边三角形的周长，再进行比较；对应边比较。

我们以前经常遇见以下问题：

长方形纸片被分成了两个部分，哪个部分的周长长？

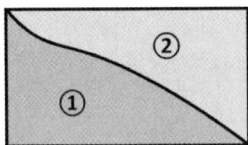

图 6-58 "认识周长"教学素材（四）

但是，很少有让学生自主画出一条线把长方形分成左右两部分周长相等的活动。这个学习过程，就是学生进一步体会和理解周长的过程，因此，我们设计了以下学习活动（见图 6-59）。

比一比：比较左右两部分（三角形）的周长的长短。

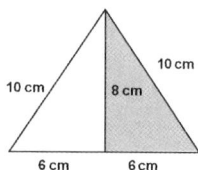

分一分：从A点出发画一条线，将三角形分成周长相等的两部分。

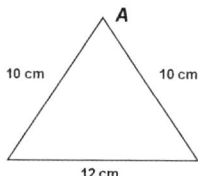

10 cm 10 cm 8 cm 6 cm 6 cm

A 10 cm 10 cm 12 cm

图 6-59 "认识周长"学生学习活动（三）

在比一比两边周长的基础上，让学生思考从 A 点出发画出一条线把三角形分成左右两部分，使两部分的周长相等。这是一条怎样的线？这条线有什么特征？学习活动紧扣周长概念开展，活动的过程就是对概念理解的过程，即算法构建的过程。

体会一周边线的长度，描出封闭图形的周长，把三角形分成周长相等的两部分，这些活动都紧扣概念而展开，都是为了让学生更好地明白"周长是什么"和"怎么得到周长"。

6.5.4　基于活动设教学

可以看出每个活动都非常有价值，关键是教师在课堂上如何运用它，如何组织学生进行自主探索。教师作为一个组织者、合作者和指导者，其价值就在此处。

◎**认识边线**

师：同学们，你看到了什么？（出示图 6-46）

生：一些小动物和围篱。

师：你能说说这些小动物在围篱的里面还是外面吗？想一想，你是借助什么判断的？

引出围篱或边框：数学中将这样的界线边框叫作边线。神奇的边线将图 6-46 分成围篱的里面和外面。

◎**感悟封闭**

师：你能判断这些瓢虫在图形的里面还是外面吗？你是怎样判断的？（出示图6-49）

师：瓢虫在边线上——你看到边线了吗？

师：瓢虫在边线的外面，就说它在图形的外面；瓢虫在边线的里面，就说它在图形的里面。

师：图6-47中的瓢虫，它在里面还是外面呢？有不同的意见吗？

生：有人说在里面，有人说在外面，无法判断，因为有缺口。

师：像这样有缺口的无法判断瓢虫在里面还是在外面，因为无法说清楚它在边线的里面还是外面，它的边线没有合在一起。数学上，我们将没有缺口的图形叫作封闭图形。

师：图6-47中的图形是封闭图形吗？

生：不是。

师：封闭图形是完整没有缺口的，只有在封闭图形的情形下，才能判断瓢虫在图形的里面还是外面。

◎ **引出周长**

1. 观察图6-49中的图形边线，它们有什么相同点？有什么不同点？

相同点：都是图形的边缘，没有缺口，封闭的、一圈的、一周的。

不同点：形状不同，长度不同。有的是用曲线、有的是用4条边、有的是用3条边、有的是用多条边围成的。

2. 引出周长：像这些用4条边、3条边、多条边或者曲线围成的封闭图形边线一周的长度就是这个图形的周长。

3. 教师揭示课题：今天这节课我们就来认识周长。

◎ **描述周长**

1. 描一描，用红笔描出图6-51中封闭图形的周长。

2. 学生独立思考和研究：这些封闭图形的周长在哪里？怎样在学习单上用红笔描出这些图形的周长？

学生作品展示（见图6-52）。

师：仔细观察，他准确描出这片树叶的周长了吗？你是怎样判断的？

生 1：没有，他描的长度比一周的长度短。

生 2：超出来的或中间的长度不属于它的周长，说明他描的长度比图形一周的长度长，因此他没有描出周长。

生 3：描出来的不是周长，它不是封闭图形。

生 4：正好描了图形的一周，说明他描的是周长所在的边线，描的是图形的周长。

师：看来，只要能准确描出图形的一周的边线，没有多也没有少，这一周的长度就是它的周长。现在你会描周长了吗？课后记得修正自己的答案。

◎ 表示周长

1.用一条线段表示图 6-54 中图形的周长。

活动要求：周长是封闭图形边线一周的长度，你能把这个长度用一条线段表示出来吗？请借助学具试一试，把你的结果画在学习单上。（要表示出你的思考过程）

如果学生探究活动时遇到困难，可以借助抽屉信封里的东西（绳子、直尺等）。

2.学生作品展示。

师：思考，他有用一条线段表示出图形的周长吗？

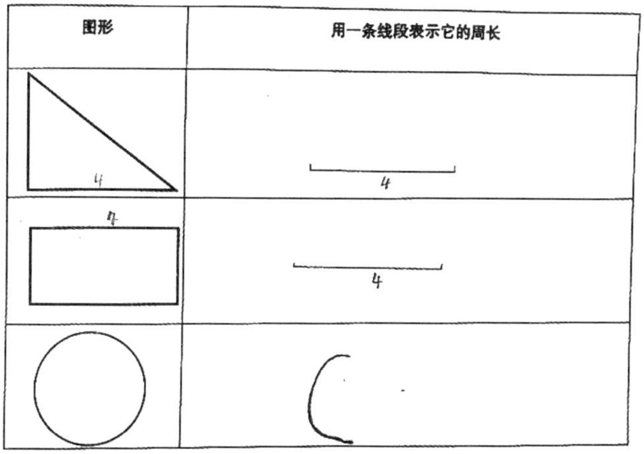

图形	用一条线段表示它的周长
（直角三角形，标注 4）	———— 4
（长方形，标注 4）	———— 4
（圆形）	（弧线）

图 6-60 "认识周长"学生学习活动作品（二）

生：没有画出一周的长度，没有用一条线段表示出周长。

图形	用一条线段表示它的周长
3cm 5cm 4cm（三角形）	(5cm) (12cm) (4cm) (3cm)
4cm 2cm 4cm（长方形）	(4cm) (4cm) (2cm) (2cm)　(12cm)

图 6-61　"认识周长"学生学习活动作品（三）

生：用一条线段表示出了周长，但没有表示出思考的过程。

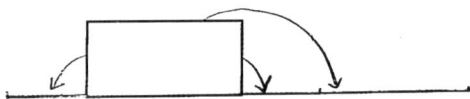

图 6-62　"认识周长"学生学习活动作品（四）

生：用一条线段表示出了周长，同时表示出了思考的过程。

◎**明确方法**

1. 学生上台演示长方形周长的表示方法：学生用尺子量出了长方形每一条边的长度，再逐条将线段连接在一起成为一条线段。

2. 全班学生观察：他是把长方形的四条边量好之后全部加在一起的，现在这个长方形的周长在哪里？这条线段是怎么来的？

师：用这样的方法，三角形的周长能用一条线段画出来吗？

生：可以，它们的方法相同。

师：怎样表示圆的周长，还能怎样表示？你是怎样表示的？

学生上台展示用绳子在图中绕或者在实物圆上绕，再把绳子拉直贴在黑板上的过程，凸显通过一条绳子把圆的周长变成了一条线段。

师：闭上眼睛，现在你脑海中的周长是怎样的？

生：是一条线段。

师：这条线段是怎么来的？

生：是由所有边累加起来的线段；是把曲线拉直后成的一条线段，它的长度就是周长。

教师小结：碰到这样可以量的长方形、三角形，就用尺子把它的各条边量出来，加在一起；碰到不能量的就借助其他工具，绕一圈，再拉直表示成一条线段。

◎**练习巩固**

1.学生快速计算图6-55中图形的周长。

2.学生计算图6-56中图形的周长。

3.学生比较图6-63中左右两边三角形周长的长短。

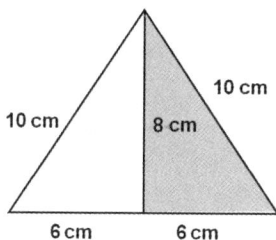

图6-63 "认识周长"课堂练习（四）

4.从图6-64中A点出发，有没有其他的画法将这个大三角形分成左右两边周长相等的两部分呢？学生动手试一试。

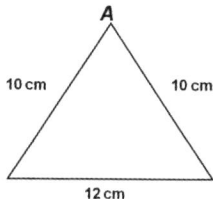

图6-64 "认识周长"课堂练习（五）

◎**总结回顾**

回顾学习历程，总结收获。

《论语·公冶长》中记载："吾党之小子狂简，斐然成章，不知所以裁之。"学生在研究图形周长的过程中，通过课堂上的学习活动，探索的成果斐然成章，呈现了很多有价值的学习作品，使之成为课堂教学的研究素材，需要我们反复思考和研究"所以裁之"的策略和方法，更好地引导学生构建周长的概念，体会"是什么"和"怎么得到"。

6.6　认识面积：面的外面都有个框

　　面积是人教版三年级下册第五单元的学习内容，是在学生已经掌握了长方形和正方形的特征，并会计算长方形和正方形周长的基础上的学习内容。从长度到面积，从一维到二维，是学生空间形式认识发展上的一次飞跃，有利于发展学生的空间观念，为以后进一步学习平面图形的面积计算打下基础。面积概念是贯穿于整个单元的核心内容，那么认识面积的关键问题是什么？我们该设计怎样的学习活动破解关键问题呢？

6.6.1　教材研读理脉络

　　面积概念作为贯穿整个单元的核心内容，主要分为"面"和"面的大小"两个部分的含义。教材通过让学生"观察黑板和国旗的表面，比一比哪一个面比较大"的数学活动，让学生明确"面"的含义，进而形成对"面的大小"的直观感受，由此引出"黑板面的大小就是黑板面的面积"的概念描述。

　　要比大小就要有面的"象"，面的"象"就是黑板的表面，就是国旗的表面，这个表面是可以看得见、摸得着的。虽然教材没有明确地描述什么是面，但是黑板和国旗是学生熟悉的事物，学生对于面的感知是有经验支撑的。教材以这样类似描述的方式，借助具体事物如黑板、国旗、课桌、数学书来说明"面积"的概念，让学生在看一看、摸一摸等数学活动中积累对"面"和"面的大小"的感性经验，理解"物体表面的大小就是物体的面积"的含义。

为了引导学生全面构建"面积"的概念，教材在"做一做"中安排了操作活动——"摸摸你的字典的封面和侧面，说说哪一个面的面积比较小？"因为要比较哪一个面的面积比较小，所以自然有了"侧面的大小就是侧面的面积"和"封面的大小就是封面的面积"的区分，就有了"面"并不一定是向上摆放的整体感。

此外，为了打破基于长方形和正方形的"面"的感知，教材在后面的练习编排中呈现了不规则图形面积的比较，突出了面积概念的本质。

有了对面积概念的理解，教材接下来安排了比较面积大小的数学活动：图 6-65 中的两个图形，哪个面积大？

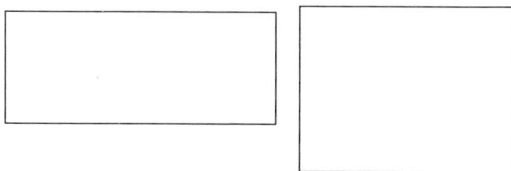

图 6-65 "认识面积"教学素材（一）

哪个面积大？看不出哪个面积大，用重叠的方法也比较不出来。怎么办呢？这个比较面积大小的数学活动实质上是探索如何描述图形面积大小的活动。用怎样的方式描述两个图形的大小呢？这是学生第一次遇见描述二维空间的大小，用长度来描述显然是不合适的。教材给出了解决方法"可以选用一种图形作单位来测量"，选什么图形呢？教材给出了三种选择——圆、三角形和正方形，并提出问题："用哪种图形作面积单位最合适？为什么？"

学生有了把图形作为描述面积大小的单位意识，特别是达成了正方形能密铺，四条边一样长而度量时不用考虑方向和位置，作为面积单位最合适的共识以后，就有了什么样的正方形可以作为面积单位的思考。常用的面积单位平方厘米、平方分米、平方米是怎么得到的呢？教材通过介绍的方式，利用多种活动（如比画大小、制作面积单位、实际测量等）引导学生构建面积单位的概念。

6.6.2 厘清脉络定关键

通过教材梳理，我们可以发现认识面积主要有三部分内容，要解决三个问题：什么是面积？怎样的图形作面积单位最合适？需要怎样的正方形作面积单位？

那么，我们就要思考和提出问题：什么是面？面在哪里？学生会自己去尝试描述面的大小吗？学生会选择怎样的图形或物品去描述面积？他们有自己设计面积单位的活动经验和思想方法吗？他们会设计怎样的面积单位？

什么是面积？这里有两个关键词：面、积。面是一个"象"，积是一个关于大小的描述。教材编排的内容是让学生观察表面，那么什么是表面？学生知道表面在哪里吗？怎么描述图形或物体的表面？我们要思考面背后的"象"是什么，而不能轻易地用表面来代替，不能简单地一带而过。

面是什么？通过查阅资料，我发现面的甲骨文写法是这样的（见图6-66），中间代表眼睛，外面一圈是个框，它的造字本义表达的是：在"目"的外围加一个框，表明那个范围内是人的面部。

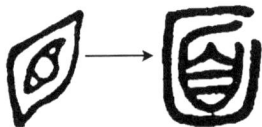

图 6-66 甲骨文"面"字演变

由此，我们可以明白面是指人的面部，为了更清晰地表达面的意义，在眼睛的外面加个框，后来面的含义引申为物体的表面。这样我们就能清楚地描述什么是面：在黑板的外面加个框，这个框里面的范围就是黑板的面。

从物体到平面图形，我们可以更清晰地描述平面图形的面：边里面的范围就是这个平面图形的面。外面的边是一个描述面的工具，这个边里面的范围是面，这个边的长度就是周长，周长和面积基于边而得以清晰地区分。

在平阳县的外围加个框，这个框里面的范围就是平阳县的面积；在鹿城区的外围加个框，这个框里面的范围就是鹿城区的面积。对于面积的描述有了框的凭借，面的"象"自然有了形象而生动的表达。

特别地，对于长方形、三角形和圆来说，面在哪里呢？如何描述它们的面呢？

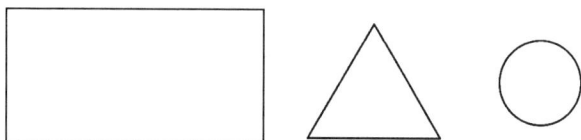

图 6-67 "认识面积"教学素材（二）

面在哪里？长方形 4 条边里面的范围就是长方形的面，三角形 3 条边里面的范围就是三角形的面，圆的曲边里面的范围就是圆的面。

有了面的概念，自然就有了如何描述面的大小的需要，面积就是用来描述面的大小的概念。通过观察物体和平面图形，学生会发现面是有大小的，有的物体或平面图形的面比较大，有的物体或平面图形的面比较小。那么如何来描述面的大小呢？用什么图形来描述面的大小呢？

教材通过比大小引出"可以选用一种图形作单位来测量"，我不禁要问：为什么要选一种图形作单位？学生怎么知道要选一种图形作单位？这个图形只有可供选择的三种吗？这个材料是教师提供的，还是学生在探索的过程中自己要求的？

我想教师应该创设一种机会，尝试让学生自己去探索、去经历用图形描述面积大小的过程。学生在经历用自己喜欢的方法表示长方形的大小的过程中自然而然地感受到需要用一个图形或物品作为单位去描述长方形的大小。学生只有通过尝试探索和表达，才会发现应当用平面图形作单位来描述面的大小，才会发现有些平面图形适合、有些平面图形不适合，才会有进一步地对怎样的图形作单位最适合的思考和研究。

　　面积单位是生长出来的，不应当是教师给的。当正方形作为最合适的面积单位出场之后，我们需要引导学生思考怎样的正方形可以作为常用的面积单位。

　　教师放手让学生经历自主探索和设计怎样的正方形适合作为面积单位的过程，能让学生有效积累关于单位的数学活动经验和数学思想方法，为后续学习做好铺垫。

　　基于以上分析，本节课的关键问题可以确定为"如何引导学生构建和设计面积单位来描述图形的大小"，通过尝试表达长方形面的大小的活动让学生体悟和构建面积的度量意识，进而利用设计面积单位来解构单位的来龙去脉，使学生真正理解面积概念的内涵。

6.6.3 基于关键设活动

　　基于本节课的关键问题，我们设计了以下学生学习活动，让学生用自己喜欢的方法描述和表达长方形的大小。

　　用你喜欢的方法表示图 6-68 中长方形的大小。

图 6-68 "认识面积"学生学习活动（一）

　　那么，学生会自主表示这个长方形的大小吗？他们会用哪些方式描述长方形的大小？我们来看学生的学习活动作品（见图 6-69 至图 6-74）。

图 6-69 "认识面积"学生学习活动作品（一）

学生通过画图的方式表示长方形的大小是 5 个橡皮那么大，可以发现学生身边熟悉的物品成了学生描述长方形大小的工具，成了描述面积的单位。

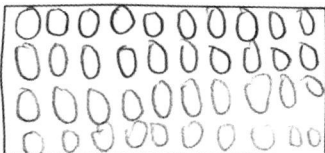

图 6-70 "认识面积"学生学习活动作品（二）

学生用平面图形圆作为单位来描述长方形的大小，可以看出每行有 10 个，有这样的 4 行，这个长方形的面积大约是 40 个圆的大小。

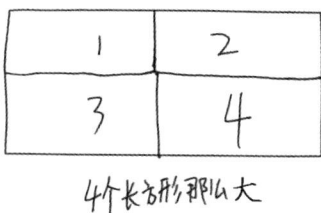

图 6-71 "认识面积"学生学习活动作品（三）

学生用长方形作为单位来描述长方形的大小，一共有 4 个小长方形一样大。

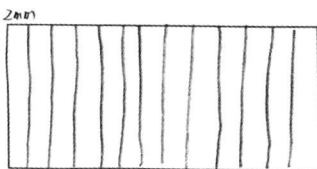

图 6-72 "认识面积"学生学习活动作品（四）

学生基于分数学习和小数的等分图形的活动经验，以 2 mm 为标准把这个长方形进行了等分，用等分后的小长方形作为单位来测量和描述这个长方形的大小。

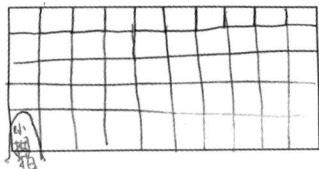

图 6-73 "认识面积"学生学习活动作品（五）

学生以小拇指的大小为标准，描述了长方形是由多个小拇指组成的，凸显了小拇指是描述长方形大小的单位。

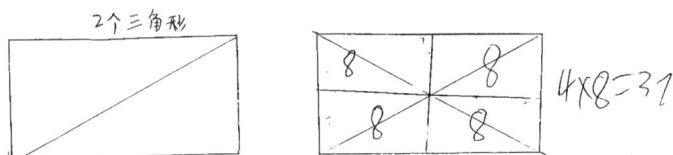

图 6-74 "认识面积"学生学习活动作品（六）

学生利用三角形作为单位来描述长方形的大小，可以发现由于单位的不同，长方形可以表示为 2 个三角形或 8 个三角形，而且学生还以量化的方式描述长方形的大小是 $4 \times 8 = 32$。

通过对学生学习活动作品分析，我们可以发现学生在数学学习的活动过程中会自然地产生要选一种图形作单位描述图形大小的需求，学生呈现的作品中有圆、三角形、正方形、长方形，也有橡皮擦、小拇指等身边的物体。作为面积单位的图形是多种多样的，是学生可以自主选择的，是学生在探索的过程中自己创造的。在自主探索用图形描述面积大小的过程中，学生经历了用自己喜欢的方法表示长方形的大小的过程，感受到需要用一个合适的图形或物品作为单位描述长方形的大小。

6.6.4 基于活动设教学

根据教材研读和学情研究，基于本节课的关键问题，我们可以设计相应的教学活动引导学生通过自主探索破解关键问题，理解面积概念，构建和设计面积单位。

◎**新课导入**

师：你知道这是什么字吗？（出示图 6-75）

图 6-75　甲骨文"面"字写法

师：这个字表示的意思是在"目"字的外围加个框，这个框里面是人的面部。

师：看到面，你能想到哪些词？

生：表面、面积等。

◎**面的概念**

1. 出示图 6-76：你能在身边的物品上找到面吗？面在哪里？

图 6-76　"认识面积"教学素材（三）

2. 出示图 6-77：它们的面在哪里？

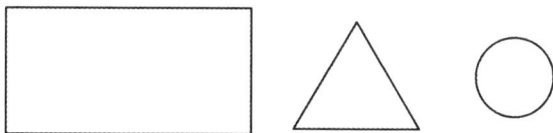

图 6-77　"认识面积"教学素材（四）

教师小结：物体表面加个框，框里面的部分就是物体的面，平面图形的边里面的部分就是平面图形的面。

◎**面的大小**

1. 比较大小：观察图 6-77 中 3 个平面图形的面，你有什么发现？

师：面有大有小，物体表面、平面图形的大小就是它们的面积。今天就让我们一起去研究面积。

2. 表示面积：长方形的面在哪里？你能用你喜欢的方法描述图 6-78 中长方形的大小吗？

图 6-78 "认识面积"学生学习活动（二）

①学生自主探究。

②学生交流汇报，其学习活动作品如图 6-79 所示：

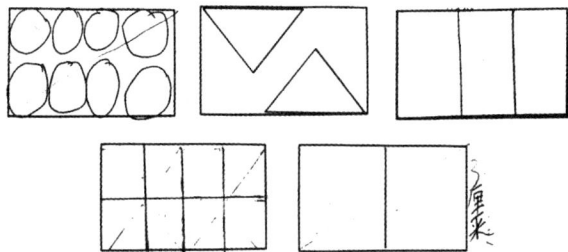

图 6-79 "认识面积"学生学习活动作品（七）

师：有这么多种方法，你有什么发现？

师：有这么多种图形，你觉得用哪种图形作面积单位表示它的大小最合适？为什么不选圆？

教师小结：经过刚才的研究，我们知道用正方形作为面积单位比较合适。

◎**体会统一单位的必要性**

你会用哪个数来表示图 6-80 中长方形的大小？

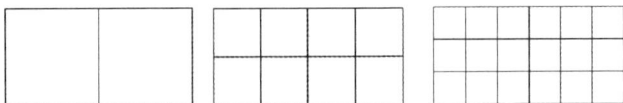

图 6-80 "认识面积"学生学习活动（三）

学生汇报：分别用 2、8、18 来表示长方形的大小。

生：为什么大家表示的是同一个长方形的大小，汇报的数据却不一样呢？

师：需要一个统一的面积单位。

◎ **创造面积单位**

1. 出示学习活动：

如果设计一个常用的面积单位，你会设计一个怎样的正方形作为面积单位呢？

想一想：你会创造一个怎样的正方形作为面积单位呢？

画一画：把你想的正方形画下来。

2. 学生自主研究。

3. 展示学生作品（见图 6-81）。

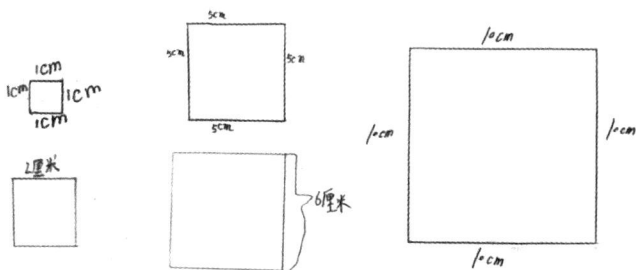

图 6-81 "认识面积"学生的活动作品（八）

师：对比这么多的正方形，哪个作为我们常用的面积单位最合适？

师：回顾我们以前学过的长度单位厘米、分米、米……现在你认为哪个作为我们常用的面积单位最合适？

教师小结：像这样边长是 1 厘米、1 分米、1 米的正方形，是数学家选择的统一的常用面积单位。边长是 1 厘米的正方形，它的面积是 1 平方厘米；边长是 1 分米的正方形，它的面积是 1 平方分米；边长是 1 米的正方形，它的面积是 1 平方米。

4. 教师出示 1 平方厘米、1 平方分米、1 平方米大小的正方形，学生感受面积单位的大小。

师：我们身边有哪些物体与 1 平方厘米、1 平方分米和 1 平方米差不多大？

师：你觉得这些面积单位可以用来度量什么物体的面积？

◎**练习巩固**

在横线上填写适当的单位名称。

度量一枚邮私服的面积用＿＿＿＿＿＿作单位。

度量一张课桌面的面积用＿＿＿＿＿＿作单位。

度量一块黑板的面积用＿＿＿＿＿作单位。

度量一间教室地面的面积用＿＿＿＿＿作单位。

师：如果度量整个平阳县的面积，用哪个面积单位比较合适？

师：看来这些常用的面积单位在描述比较大的面积时就不大方便了，以后我们还要创造新的面积单位去度量更大的面积。

◎**总结回顾**

师：现在我们回头去看前面要表示大小的长方形，用哪个面积单位去测量最合适呢？课后请用你们创造出来的面积单位量量看。

教师通过快速播放课件带领全班学生回顾整节课的学习过程。

总之，认识面积的关键问题是如何引导学生构建和设计面积单位来描述图形的大小，我们可以通过源头寻根引导学生理解面积的本质含义，在活动探索中培养学生构建面积的度量意识，在层层设计中帮助学生解构单位的来龙去脉，从而真正理解面积概念的内涵，体会面积单位的价值和意义。

6.7　平行四边形的面积：从长方形到平行四边形

"平行四边形的面积计算"是一节很经典的课，有很多经典课例的教学内容都是出自人教版五年级上册第六单元"多边形的面积"。通过该单元的学习，学生应能推导并掌握平行四边形、三角形、梯形的面积计算公式，感悟平移、旋转、转化数学思想，发展空间观念。

6.7.1 教材研读理脉络

学习了长方形和正方形面积计算公式之后，学生遇见的第一个平面图形是平行四边形，如何计算它的面积呢？学生在学习平行四边形的面积计算公式之前应掌握长方形的面积计算公式，以及在长方形的面积计算公式推导过程中积累的活动经验和感悟的数学思想方法，正如教材所指出的（见图 6-82）：

图 6-82 "平行四边形的面积"教学素材（一）

"我只会算长方形的面积"，那么长方形的面积学习给学生留下了怎样的活动经验呢？学生感悟了哪些数学思想呢？我们来看长方形面积计算的学习素材（见图 6-83）。

图 6-83 "长方形的面积"教学素材（一）

可以发现，学生已经积累了用数格子的方法求面积的活动经验和思想方法，更重要的是发现了基于面积的长和宽所表示的意义：长方形的长 5 厘米表示每行可以摆 5 个面积单位，长方形的宽 3 厘米表示可以摆这样的 3 行。长 5 厘米、宽 3 厘米的长方形的面积可以具化为一幅由面积单位摆成的图像——每行摆 5 个，摆了 3 行，它的面积就是由这样摆放的 15 个面积单位组成的。

有了这样的数格子求长方形面积的方法，教材给出了进一步的提示："其他长方形的面积是不是也可以这样来计算呢？"这是一个很好的问题，因为学生已经经历了基于数方格的方法求长5厘米、宽3厘米的长方形面积的过程，知道了长5厘米就是每行摆5个，宽3厘米就是摆3行。

学生接下来要思考的问题是"其他长方形的面积是不是也可以这样来计算"，我们紧接着追问学生："其他长方形是怎样的长方形？你能举出几个其他长方形的例子吗？"从逻辑上来说，"其他长方形"也应该是像图6-84中的长方形。

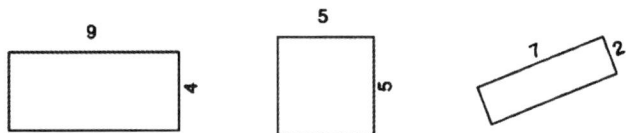

图6-84 "长方形的面积"教学素材（二）

2013年人教版教材给出的"任取几个1平方厘米的正方形，拼成不同的长方形"学习活动是从长方形面积的结果出发去寻找长和宽对应面积单位数量的多少。像这样由若干个面积单位拼成的长方形已经呈现了面积的数量，也呈现了每行摆几个和摆了几行。按教材意图，它表示的是每行摆几个，长就是几；摆了几行，宽就是几。从思考路径上来说，与图6-84所呈现的素材是不一致的，不能很好地对应长是几就摆几个，宽是几就摆几行。

"其他长方形的面积是不是也可以这样来计算呢？"这个问题意味着我们要猜想"长9就是每行摆9个，宽4就是摆4行""长5就是每行摆5个，宽5就是摆5行""长7就是每行摆7个，宽2就是摆2行"，我们要通过摆一摆去验证自己的猜想。因此，2022年新修订的教材对该学习活动进行了改进。改后的学习活动为"任意取几个长、宽都是整厘米数的长方形，用1平方厘米的正方形摆一摆"。这才是从长方形面积计算的问题出发而进行的猜想和验证，与图6-83所呈现的素材的思考路径是一致的，具有相同的结构。

基于此，我们设计了以下学习活动：

猜一猜图 6-82 中的长方形每行要摆几个，摆几行？再用摆一摆验证你的猜想。

基于结构一致性的研究素材，学生才能真正经历探索长方形的长、宽与面积单位数量关系的过程，才能真正构建每行摆几个、摆几行的长方形面积计算模型，为以后学习平行四边形的面积计算公式做铺垫。

6.7.2 厘清脉络定关键

从长方形的面积到平行四边形的面积，是一个基于已知推导未知的学习之旅，那么如何基于长方形计算平行四边形的面积呢？

当学生真正构建了长是几每行就摆几个、宽是几就摆几行的长方形面积计算模型之后，求图形面积时就摆脱了用面积单位去度量的操作阶段，开始进入算法阶段：长方形的面积 = 长 × 宽。

但是，"长方形的面积 = 长 × 宽"这一算法的背后应当有一个"象"：一个每行摆了多少个、摆了这样的几行的若干个面积单位组成的长方形。有了这样的"象"，才有了"长 × 宽"模型的价值和意义。

那么，当我们开启面积之旅，遇见了平行四边形时，如何基于长方形计算平行四边形的面积呢？人教版教材是这样编排的（见图 6-85）：

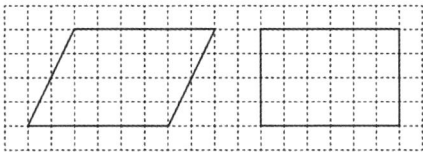

图 6-85 "平行四边形的面积"教学素材（二）

因为"我只会算长方形的……"不会算平行四边形的面积，那么我们就用"数方格的方法试一试"。将平行四边形和长方形平铺在同一张方格纸上，目的是让学生通过数方格构建两者之间的关系，但是我总觉得这个关系的构建过程不清晰。

表 6-1 记录

	底	高	面积
平行四边形			
长方形	长	宽	面积

学生用数方格的方法知道了平行四边形的面积是 24，用数方格或长 × 宽的方法知道了长方形的面积是 24，表 6-1 呈现了学生需要记录的数据。基于已有的知识，学生很快地记录长方形长和宽的数据，但是我们不禁要问：对于平行四边形，为什么要记录底和高？你怎么知道要记录底和高？底的长度表示什么？高的长度又表示什么？

不要急着记录，因为比这更重要的是：发现数平行四边形面积单位个数的方法和计算长方形面积之间的关系，构建两者之间的联系。

从方格图中，我们可以很清楚地发现这个长方形的面积是由"每行摆 6 个，摆了 4 行"的面积单位组成的，它的面积就是 6 × 4=24 个面积单位。而平行四边形的面积里有多少个这样的面积单位呢？教材提示学生用数方格的方法来试一试。

数方格是构建从长方形到平行四边形的面积计算之路的关键活动，如何引导学生在数方格的数学活动中激活已有的活动经验和数学思想，是值得我们思考和研究的问题。

6.7.3 基于关键设活动

怎么试呢？我们进行了学情研究，设计了以下学生学习活动：

数一数，图 6-86 中平行四边形有多少个面积单位。

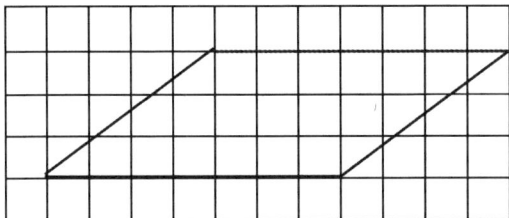

图 6-86 "平行四边形的面积"学生学习活动（一）

学生呈现了很多种数方格的方法（见图 6-87 至图 6-91）。

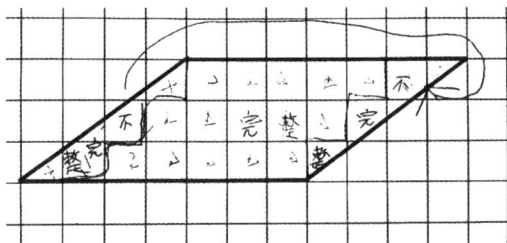

图 6-87 "平行四边形的面积"学生学习活动作品（一）

这幅作品呈现了学生一个格子一个格子数的过程，平行四边形中除了满一格的，也有不满一格的，学生数出了 15 个完整的满一格的，也数出了 12 个不完整的、不满一格的。因为不满一格的都按半格计算，所以这些半格的两两搭配，凑成了 6 个满一格的，这样一共有 21 个面积单位。这是基于有 12 个半格，再从数量上推算有 6 个满格。

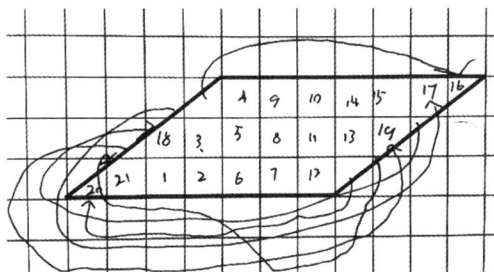

图 6-88 "平行四边形的面积"学生学习活动作品（二）

这是一幅令人眼花缭乱的作品，学生在表达什么？他在把左边不满一格的和右边不满一格的相互配对，把不满格的凑成满一格的，然后一个一个地数，数出了 21 个面积单位。这是基于先把每一行中半格的都通过配对转化成满格的，再利用数方格统计满格的数量。

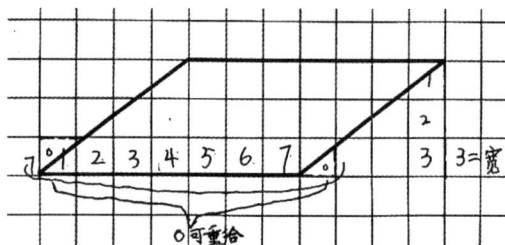

图 6-89 "平行四边形的面积"学生学习活动作品（三）

这幅作品和前面两幅作品有什么不同？他为什么只数了最下面一行的格子？我们会发现学生用"o"标记的方式将两个带有"o"标记的格子合成 1 个完整的格子，从左往右恰好是 7 个满一格的。第一行是这样的 7 个，第二行、第三行亦复如是，有这样的 3 个 7，也就是有这样的 3×7=21 个面积单位。

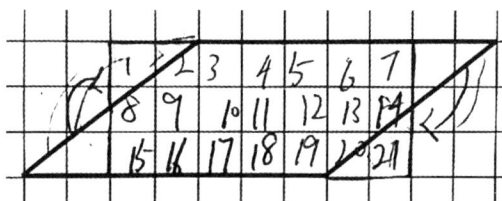

图 6-90 "平行四边形的面积"学生学习活动作品（四）

和上一幅作品一样，这个学生首先不是数格子，而是致力于如何更方便地把不满一格的凑成满一格的，当学生完成这样的配对凑整任务后，一个共有 21 个面积单位的长方形的图式清晰地呈现出来。有了这样的活动成果，学生才会有意识地锚定平行四边形和长方形，研究如何更方便地把平行四边形配对成长方形。

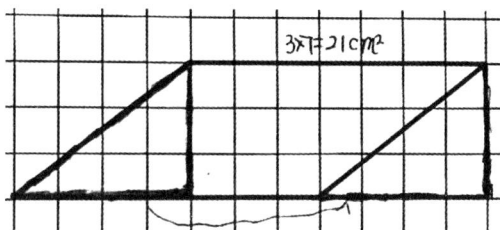

图 6-91 "平行四边形边的面积"学生学习活动作品（五）

从半格半格配对到两个小三角形的配对，再到左边一个三角形移到右边去的配对，所有方法的背后都是把不满一格的凑成满一格的。凑着凑着，就拼出了一个长方形，拼成的长方形更好数，拼成的长方形"我会算"。

和长方形面积的研究方法一样，"其他平行四边形的面积还能这样计算吗？"紧接着我们设计了以下学习活动：

想一想，把图 6-92 中平行四边形剪拼成长方形后，每行摆几个面积单位，要摆这样的几行？动手摆一摆，或者利用方格图来验证你的猜想。

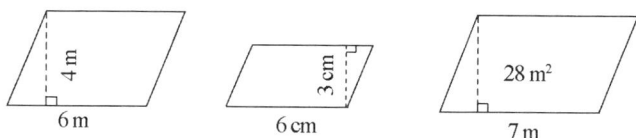

图 6-92 "平行四边形的面积"学生学习活动（二）

通过这样的活动，引导学生体验和感悟：底是 6、高是 4 的平行四边形拼成的是一个长为 6、宽为 4 的长方形；底是 4、高是 3 的平行四边形拼成的是一个长为 4、宽为 3 的长方形；底是 7、面积是 28 的平行四边形拼成的是一个长为 7、宽为 4 的长方形。由此，真正构建了平行四边形和长方形的面积计算方法之间的基于面积度量过程和结果的内在联系。

有了这样的体验，那么这样的猜想就会被验证为错误的猜想，即图 6-93 中的平行四边形拼成的不是长为 8、宽为 4 的长方形，学生进而才会真正明白从平行四边形到长方形的"象"：底是几就是每行摆几个，高是几就是摆这样的几行。

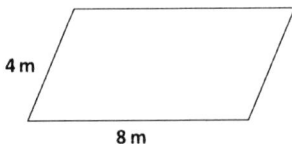

图 6-93 "平行四边形的面积"教学素材（三）

平行四边形的面积 = 底 × 高，这个面积计算公式的背后是一个以底为长、以高为宽的长方形，而这个长方形的背后是一组"每行摆几个、摆了几行"面积单位。

6.7.4 基于活动设教学

基于以上分析，我们可以通过数方格构建从长方形到平行四边形的面积计算之路，引导学生在数方格的数学活动中激活已有的经验和思想，从而构建平行四边形面积计算公式的算法。

◎**复习旧知**

1.求长方形面积。

师：量的长和宽都是一条线段，求的是面，线段乘线段怎么能求出面积呢？

2.说一说：每行摆几个？摆了这样的几行？

3.验证（学生说、教师摆）：长表示每行摆几个，宽表示能摆这样的几行。面积单位的个数 = 每行摆几个 × 摆了这样的几行。

教师小结：我们通过计算长 × 宽就可以算出长方形包含的面积单位的个数。

◎**引入新课**

1.图 6-94 中哪个花坛的面积大？

图 6-94 "平行四边形的面积"课堂教学素材（一）

师：要比较哪个花坛面积大，就是要解决什么问题？你会解决吗？

教师引出长方形的面积计算只需要知道长和宽，就可以利用"长 × 宽"算出它有多少个面积单位，就能知道面积是多少。

2. 你知道如何快速计算图 6-95 中长方形的面积吗？

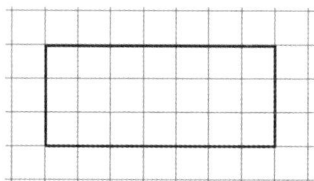

图 6-95 "平行四边形的面积"课堂教学素材（二）

◎ **活动探究**

1. 学习活动：

数一数，图 6-96 中的平行四边形有多少个面积单位。

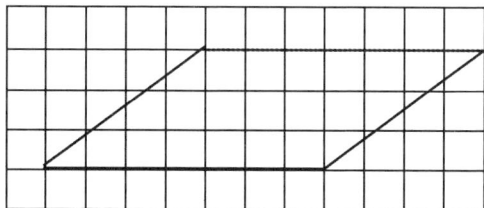

图 6-96 "平行四边形的面积"课堂教学素材（三）

2. 学生自主研究。

3.学生作品展示（见图6-87至图6-91）。

师：他们是怎么数出平行四边形面积单位的个数的？

师：你能清楚地看出每行有几个，摆了这样的几行吗？

◎**深化研究**

1.把图6-97中平行四边形剪拼成长方形后，每行摆几个面积单位？要摆这样的几行？

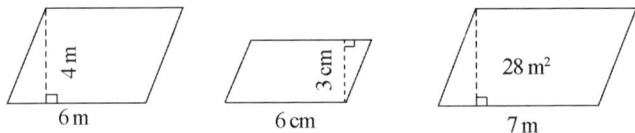

图6-97 "平行四边形的面积"学生学习活动（四）

2.学生动手实践将平行四边形剪拼成长方形，操作验证每行的个数和摆的行数。

3.学生汇报结论，发现规律：底是几，每行就摆几个；高是几，就摆这样的几行，一共摆的面积单位的个数就是"长 × 宽"，也就是"底 × 高"。

教师小结：平行四边形的面积 = 底 × 高，用字母表示就是 $s=ah$。

◎**对比发现**

1.讨论：有人说，图6-98中的平行四边形的面积 = 邻边 × 邻边 =8×4，你觉得对吗？为什么？

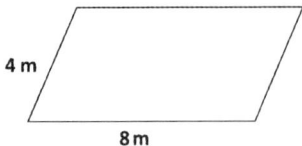

图6-98 "平行四边形的面积"课堂教学素材（四）

2.分析：图6-98平行四边形的面积不是8×4，因为每行摆了8个，但是不是摆了4行，摆的行数与高有关，高是几就摆了这样的几行，所以是错的。

◎**练习巩固**

1.平行四边形花坛的底是 6 m，高是 4 m，它的面积是多少？

2.计算图6-99中平行四边形的面积。

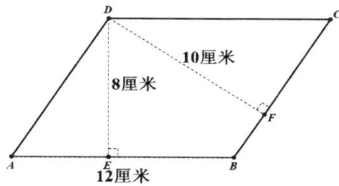

图 6-99　"平行四边形的面积"课堂练习（一）

3. 平行四边形花坛的底是 6 m，高是 4 m，面积是 24 m^2。那么，像这样的面积是 24 m^2 的花坛还可以设计成怎样的平行四边形呢？试一试，在你的纸上画一画，看有多少种画法。

4. 思考：为什么图 6-100 中平行四边形的形状不同，面积都是 24 m^2？

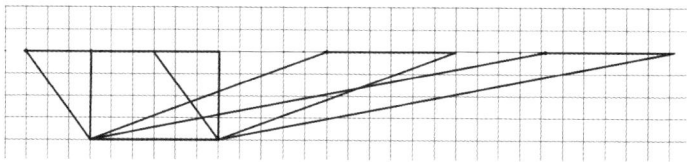

图 6-100　"平行四边形的面积"课堂练习（二）

◎**总结回顾**

通过今天这节课的学习，你有什么收获？

总之，教学平行四边形的面积计算，我们可以基于结构一致性的研究素材，引导学生在深入理解和把握长方形的长、宽与面积单位数量关系模型的基础上，通过数方格构建平行四边形底是几就是每行摆几个、高是几就是摆几行的面积计算模型，水到渠成地推导出平行四边形的面积计算公式，并在研究过程中积累活动经验和感悟思想方法。

6.8　观察物体之一：初遇观察物体的升维超越

"观察物体"是一节不大好上的课，这是二年级学生第一次接触"观察物体"，这节课的任务较重，按教师用书的说法是："通过以上三个例题的学习，教材初步落实了课标关于几何教学中三个核心的思想和目标：空间观念、几何直观和推理能力。"那么这节课的关键问题是什么？我们应该设计怎样的学习活动去破解关键问题呢？

6.8.1 研读教材理脉络

我们来看教材，人教版教材首先出示的是：

图 6-101 "观察物体（一）"教材内容（一）

从图 6-101 中可以看到什么呢？可以看到四个小朋友从不同的角度观察熊猫，这是小朋友在生活中常有的经验，是学生有体会的数学现象：远近高低各不同。那么每个人看到的样子是怎样的呢？图 6-102 中的图分别是谁看到的呢？

图 6-102 "观察物体（一）"教材内容（二）

怎么判断是谁看到的？需要观察，需要亲自去观察，如果我是小明，那么我看到的是熊猫的那一面呢？如果我是小亮、小红、小丽，看到的又是怎样的呢？先是推断，后是观察。

什么是空间观念？空间观念主要是指对空间物体或图形的形状、大小及位置关系的认识。从四个小朋友的视角看到的图形的形状是怎样的？你能做出自己的想象和推断吗？你的推断是正确的吗？

因此，学生要通过实际观察来验证自己的推断，来确定自己眼中看到的和他的推断是不是对应。先推断，再观察，推断是对图形形状的认识，观察是对图形形状的验证，两者的有效结合才能促进学生空间观念的有效发展。

教材编排的"做一做"（见图6-103）以连一连的方式，让学生进一步经历作出推断和验证推断的过程，把握观察物体的方法。

图6-103 "观察物体（一）"教材内容（三）

有了这样的活动经验和思想方法，那么当学生遇到图6-104中的问题情境时，我们首先需要引导学生观察：比较一下，和前面的观察有什么不一样。

图6-104 "观察物体（一）"教材内容（四）

有什么不一样？有两个不一样：观察对象不一样，观察角度不一样。观察对象不是一般的物体，是长方体，是数学研究的对象，是对后续学习有价值的几何体。观察角度不仅仅是前后、左右，还多了上下。东南西北称为"四维"，加了上下就成了"六合"。对一个物体的观察，这就形成了更为整体的视角。

6.8.2　厘清脉络定关键

从相似的情境中看到了不同，那么你还能推断他们看到的形状是怎样的吗？还能验证自己的推断吗？教材是这样编排的，如图 6-105 所示：

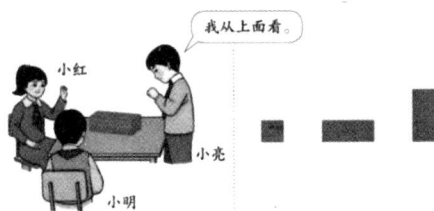

图 6-105　"观察物体（一）"教材内容（五）

如果还是连一连，重复图 6-103 中的做法，我觉得这简直是暴殄天物。因为这是个学生经历用数学语言描述观察数学对象的极好机会。本节课的关键问题是什么？就是让学生用数学语言描述自己观察到的长方体的形状。

这是学生第一次从观察物体的角度，有意识地用数学语言描述自己看到的与长方体有关的现实世界。他们可以用文字描述自己看到的形状，也可以画图描述自己看到的形状，还可以用数学名称和他人交流自己看到的形状。这是发展学生用数学语言描述现实世界的绝佳机会，有助于学生空间观念的发展。

因此，本节课的关键问题是引导学生用自己的方式描述自己看到的长方体的形状。学生用自己的方式把观察到的形状画出来、写出来，这实际上就是在经历几何直观的过程，用几何直观把握图形本质，用几何直观明晰表达自己在观察过程中的思维路径。

6.8.3　基于关键设活动

基于关键问题，我们可以设计以下学习活动，让课堂里的种子生根发芽：

图 6-106 中三个人看到的图形分别是什么样的？请你用自己喜欢的方式描述出来，如果有困难可以借助学具摆一摆、看一看。

图 6-106　"观察物体（一）"学生学习活动

我相信学生学习活动作品（见图 6-107 至图 6-111）会让你心生欢喜，因为他们的作品生动地凸显了什么是数学语言，什么是几何直观。

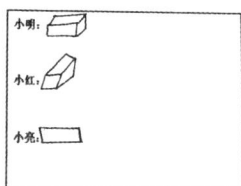

图 6-107　"观察物体（一）"学生学习活动作品（一）

从这幅作品中，可以看到学生没有像之前观察物体一样观察长方体，没有表示出从正面、左面和上面看到的长方体的形状，而是以画图的方式表示出整个长方体，显然观察和描述是不到位的。

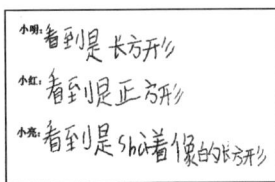

图 6-108 "观察物体（一）"学生学习活动作品（二）

学生用文字的方式来描述三个小朋友从各自视角看到的长方体的形状分别是长方形、正方形和竖着摆放的长方形，凸显了看到的长方体的形状，但是不够形象和直观。

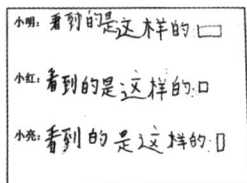

图 6-109 "观察物体（一）"学生学习活动作品（三）

学生用画图的方式生动直观地表示出从三个视角看到的长方体的形状，清晰明了，让人一眼就看清楚他观察到的长方体的形状是什么。

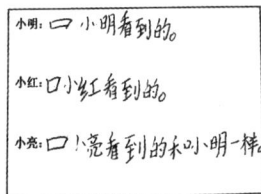

图 6-110 "观察物体（一）"学生学习活动作品（四）

这个学生也是以画图的方式来表示的，我们特别要注意的是对小亮观察的描述："小亮看到的和小明一样。"如果将小明看到的和小亮看到的图形原封不动地描下来，显然是不一样的，但是它们的形状一样，是相同的长方形，只是摆放的位置不同而已。这种表达有助于学生更好地理解和把握长方体的特征。

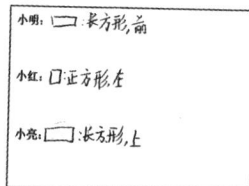

图 6-111 "观察物体（一）"学生学习活动作品（五）

学生以形状和视角相结合来描述看到的形状，很清楚地表示出从前面看到的是这样的长方形，从左边看到的是这样的正方形，从上面看到的也是这样的长方形，凸显了学生用数学语言描述自己看到的数学现象的核心素养。

类似的作品有很多，描述的过程就是认识长方体的过程，也是体会长方体特征的过程，即积累活动经验和数学思想方法的过程，明白长方体的形状前后面是相同的、左右面是相同的、上下面是相同的过程。

因此，接下来教材呈现了以下学习任务（见图 6-112）。

再照样子观察一下 、 和 。

图 6-112 "观察物体（一）"教材内容（六）

这里有个关键词"照样子"。什么是照样子？照什么样子？这是观察长方体的数学活动经验的应用，是进一步通过观察来认识正方体、圆柱体和球体特征的过程，也是进一步体会如何用数学语言描述三种立体图形的过程。

在这个过程中，学生能够深刻地体会图形特征和积累观察经验，从"不同的角度看到的物体形状是不同的"到"不同的角度有时候看到物体的形状是相同的"。从表面上看是观察经验的积累，本质上则是对立体图形特征的感知和把握。

由此，小明看到的一个立体图形的形状是正方形，这个立体图形可能是什么呢？类似的问题自然而然地出现在学生的数学学习生活中。

依然是推断，但验证推断结果不仅仅需要观察，更需要基于图形特征进行推理。学生的推理意识和推理能力就是这样发展的。

6.8.4 基于关键设教学

基于教材研读和学生学情研究，我们可以从单元整体视角出发，对三个例题进行整合，设计相应的教学方案，真正做到如教学参考书上所说的"初步落实了课标关于几何教学中三个核心的思想和目标：空间观念、几何直观和推理能力"。

◎ **引入新课**

教师依次出示从不同角度拍到的一个邮箱模型的图片，学生根据图片猜物品。

学生思考：为什么都是同一个物体，看到的却不一样？

师生得出结论：观察同一个物体，从不同角度看到的可能不一样。

教师引出课题——观察物体。

◎ **观察实物**

师：图 6-113 中的小朋友在做什么？

图 6-113 "观察物体（一）"教学素材（一）

生：有四个人分别从四个角度观察兔子玩偶。

师：他们四个人看到的兔子的形状是什么样的？

学生实践验证：从这四个小朋友的视角去看，验证你的答案。

师：你是怎么确定的？

生：可以根据特征来判断。

师：观察同一个物体，可以从不同的角度观察，并且观察到的形状可能是不一样的。

◎ 观察长方体

1. 观察长方体，比较一下，和之前的观察有什么不一样？

明确不同：观察对象不同，不是观察兔子，是观察长方体；观察视角不同，除了前面（后面）、左面（右面），还多了个上面（下面）的观察视角。

2. 教师出示学习活动要求，引导学生观察长方体：图 6-107 中三个人看到的图形分别是什么样子的？请你用自己喜欢的方式描述出来，如果有困难可以借助学具摆一摆、看一看。

◎ 观察反馈

教师依次展示学生用文字表征、图形表征、语言表征的作品（见图 6-107 至图 6-111）。

师：他有表示出三个人看到的长方体的形状吗？

师：刚才我们分别从前面、上面、左面观察了这个长方体，在观察过程中，你还发现了什么？

师生得出结论：长方体下面和上面的形状是一样的，右面和左面的形状是一样的，前面和后面的形状是一样的。

师：刚才我们从不同角度观察了这个长方体，知道了上、下面一样，左、右面一样，前、后面一样，因此，在观察长方体时，我们只需要观察前面、左面、上面就够了。

◎ 观察其他立体图形

思考：你会怎么"照样子"来观察图 6-114 中的图形呢？从上面、前面、左面来观察这些立体图形，并将观察到的图形形状用自己喜欢的方式表示出来。

图 6-114 "观察物体（一）"教学素材（二）

◎ 推理图形

思考：如果有个小朋友在观察立体图形时，看到了一个面是正方形的，那么他可能在观察什么图形？

◎ 总结延伸

1. 梳理回顾：这节课我们是怎么学习观察物体的？

教师小结：这节课，我们首先观察了兔子，紧接着观察了长方体，以及这些立体图形，知道了从不同的方向观察同一个物体，看到的形状可能是不同的。

2. 思考：如果像图 6-115 一样观察物体，和我们这节课学习的观察物体有什么不一样呢？

图 6-115 "观察物体（一）"教学素材（三）

师：像这样的组合体从不同角度观察到的形状是怎样的呢？我们以后去学。

总之，在学生第一次遇见观察物体时，我们应引导学生有意识地用数学语言，描述自己看到的与所观察的物体或立体图形有关的现实世界，尝试用文字、图画、数学名称等和他人交流自己看到的图形的形状，培养和发展学生用数学语言描述现实世界的能力，促进学生空间观念的发展。

6.9 观察物体之二：看见方向，看见波浪

通过"观察物体（一）"的学习，学生已经学会了从不同角度观察实物和几何体，初步掌握了观察物体的方法和技能，积累了一些观察物体的活动经验，感悟了一些数学思想方法。人教版四年级下册第二单元编排了"观察物体（二）"，引导学生进一步学习和辨认从不同的位置观察几个几何体的组合体，以及从同一个位置观察不同的几何组合体，培养和发展学生的空间想象能力和推理能力。那么学生再遇观察物体的关键问题是什

么？我们应该设计怎样的学习活动破解关键问题呢？

6.9.1 教材研读理脉络

教材首先出示的数学活动是：

图 6-116 中的图形分别是小华从什么位置看到的？摆一摆，看一看，连一连。

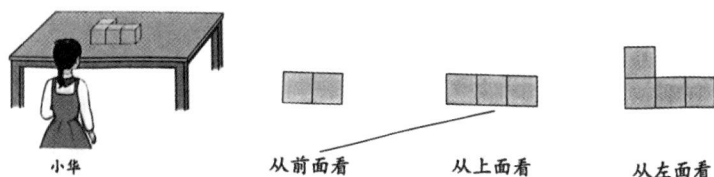

图 6-116 "观察物体（二）"教材内容（一）

这个活动包含了摆、看、连三个数学操作，学生要先摆，在摆的过程体会这个观察对象是由几个正方体组合而成的几何组合体。然后看，用已有的观察物体的学习经验去实践。最后连一连，让学生根据自己观察到的几何组合体的形状和教材给出的形状进行一一对应。通过这样的数学活动，引导学生构建观察和描述几何组合体的知识结构。

按照教师用书的说法，摆可以生成观察资源，看可以获得物体不同角度的形状表象，连可以让学生依据自己头脑中已有的表象去辨认和对应。这一活动，可以让学生切实经历完整的观察过程，有效落实发展空间观念和推理能力的目标。

教材接下来编排的"做一做"就是在强化学生观察物体的方法和技能，发展学生的空间观念和推理能力。

图 6-117 中的图形分别是小强从什么位置看到的？连一连。

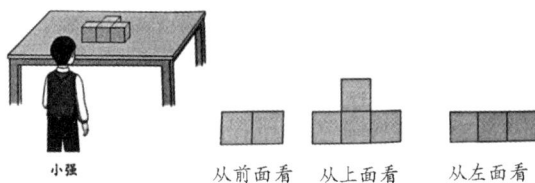

图 6-117 "观察物体（二）"教材内容（二）

教材接下来编排的是从同一个角度观察三个不同的组合体的数学活动。（见图 6-118）

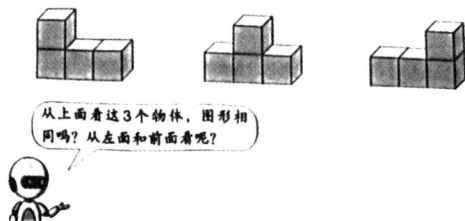

图 6-118 "观察物体（二）"教材内容（三）

和"做一做"不同，这个数学活动是让学生从同一个视角观察三个不同的组合体。教材给出的是："从上面看这 3 个物体，图形相同吗？从左面和前面看呢？"引导学生通过观察和描述，发现从上面看，三个物体的图形是相同的，从左面看，三个物体的图形也是相同的，从前面看，三个物体的图形是不同的。让学生认识和体会到从同一位置观察不同的物体，看到的形状可能相同也可能不同。

在整体视角的观照下，可以发现三个组合体从上面的观察视角看形状是一样的，左面观察视角看形状也是一样的。那么，如何判断它们各自的本相是怎样的呢？还需要什么位置观察到的图形形状？正面视角的价值就被凸显出来了。仅仅依据上面看到的图形或者左面看到的图形，无法推断它原来是怎样的。正因为从前面看到的图形是不一样的，所以我们可以依据前面看到的图形形状来推理它本来是怎样的。只有这样才能更深刻地体会"从不同的位置观察，才能更全面地认识一个物体"。

6.9.2 厘清脉络定关键

和二年级的学习内容不同的是，这里观察的是几个几何体的组合体，那么观察几何组合体和以前学习的内容有什么关系呢？我们不妨让学生观察和比较，看看学生有什么发现：和以前学习的观察物体有什么不同？有什么相同？

有什么不同？观察对象不一样了，原来是一个几何体，现在是几何组合体。观察者不一样了，原来是多个观察者，现在就一个观察者。观察结果不一样了，原来是几何体的一个面，是自然而然的"平面图"，现在是把从一个角度看到的几何组合体的样子用"平面图"的形式表示出来，这个样子从本来面貌上看有些图形是处于不同平面的。

有什么相同？观察视角是相同的，虽然只有一个观察者，但是他也要从不同的角度去观察物体。对观察结果的描述方法是相同的，要用画一画等方式表示出从不同的角度观察到的几何组合体的形状。

通过这样的比较，就可以有效地激活学生已有的学习经验，同时对新的观察活动有了基础认识，明确活动的方向就是像以前那样从正面、左面和上面观察物体，用自己喜欢的方式表示出看到的图形的样子。通过这个活动可以让学生对观察物体的同与不同有更为清晰的认识，获得描述从不同角度观察到的几何组合体的形状的方法。

教材编排了"连一连"数学活动：

图 6-119 中的图形分别是小强从什么位置看到的？连一连。

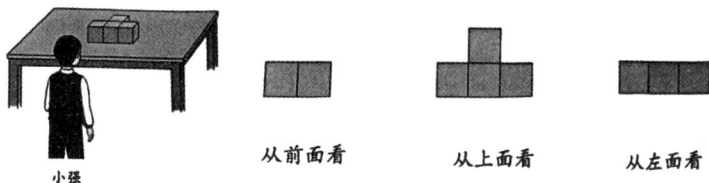

图 6-119 "观察物体（二）"教材内容（四）

我在"观察物体（一）"一课中强调过不应放过让学生用自己的方法描述观察到的物体形状的机会，这里也应如此，要让学生照样子画出从前面、左面和上面观察到的几何组合体的图形。

从单元整体来看，让学生观察物体并把观察到图形形状表示出来，这不是重点。重点是什么？重点是引导学生观察和发现："你能确定你描述的是哪个几何组合体吗？"因此，本节课的关键问题是如何依据观察更全面地认识物体。

只依据正面看到的图形，我们无法判断是哪个组合体。依据前面和左面看到的图形，我们还是无法判断是哪个组合体。当再补上从上面看到的图形形状时，我们就可以断定这个组合体是哪一个了。这说明了什么？说明了"从同一个位置观察不同的物体，看到的图形可能一样"，更说明了教材在单元结束时给读者的一句话"从不同的位置观察，才能更全面地认识一个物体"。

6.9.3 基于关键设活动

"从不同的位置观察，才能更全面地认识一个物体"，这不仅是一个说法，更应该是一种做法、一种行为、一种态度和价值观。通过这样的学习活动，学生能深刻地体会观察物体的知识和技能，体会内在蕴含的推理意识和几何直观思想。

有了这样的知识和技能，就可以让学生"照样子"观察几何体的组合体，为学习活动提供深层次的研究素材。因此，我们设计以下学习活动，让学生照样子，画出从前面、左面和上面观察到的几何组合体的图形：

你能照样子观察图 6-120 中的物体吗？

图 6-120 "观察物体（二）"学生学习活动

那么学生会呈现怎样的学习活动成果呢？他会画出从各个视角看到的形状吗？我们来看学生的学习活动作品（见图 6-121 至图 6-123）。

从前面看　　　　　　从上面看　　　　　　从左面看

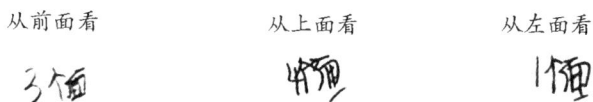

图 6-121 "观察物体（二）"学生学习活动作品（一）

从学生的描述中，我们可以发现学生基于观察对象的不同，采用了有几个面的形式来描述不同视角看到的图形形状，体现了图形的部分特点，但是不能让人一眼就看清楚，不够清晰和形象。

图 6-122 "观察物体（二）"学生学习活动作品（二）

学生用画图的方法描述看到的图形，但他采用的不是之前学习的观察物体的视角与方法，而是用了美术绘图的技能，不能清晰地描述从前面、上面和左面看到的物体形状。

图 6-123 "观察物体（二）"学生学习活动作品（三）

这个学生很好地运用了已有的观察物体的学习经验，用画图的形式描述了从前面、上面和左面看到的图形形状，让人一看就知道看到的形状是怎么样的，生动形象。

学生的学习活动作品凸显了学生能够基于已有的经验走向新的探索，用自己的方法探索和描述如何观察几何体的组合体，如何呈现观察结果。在学习活动中，发展并提高了学生的空间观念和几何直观能力。

6.9.4 基于活动设教学

基于教材研读和学生学情研究，我们可以从单元整体视角出发，将教材中的例题进行整合，设计相应的教学方案，引导学生在数学活动中体会"从同一个位置观察不同的物体，看到的图形可能是一样的"，深度感悟"从不同的位置观察，才能更全面地认识一个物体"。

◎**复习引入**

1. 思考：关于观察物体，你已经知道了什么？

图 6-124 "观察物体（二）"教学素材（一）

2. 引出课题——观察物体。

◎**研究新知**

1. 比较：这节课我们要学习的观察物体和以前学习的观察物体有什么不同？

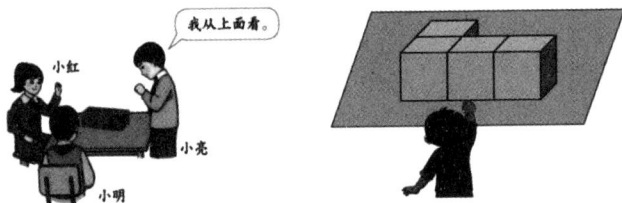

图 6-125 "观察物体（二）"教学素材（二）

师生小结：可以发现今天的观察物体和以前相比有三个不同——观察对象不同、观察者不同、对观察结果的描述不同。

2. 思考：和以前的观察物体有什么相同？

师生小结：观察视角相同、对观察结果的描述方法相同。

◎**学习活动**

1.观察物体，用你喜欢的方式表示出你看到的形状。

图 6-126 "观察物体（二）"学生学习活动（一）

2.学生自主探索。

3.展示学生作品（见图 6-121 至图 6-123），学生评价：他有表达出从前面、左面、上面看到的图形吗？

4.教师公布答案，学生验证学习作品是否正确。

师生小结：我们可以用几个正方形的组合图形来描述从前面、左面和上面看到的图形。

◎**应用巩固**

1.照样子观察图 6-127 中的物体。

图 6-127 "观察物体（二）"学生学习活动（二）

师：对比刚才观察的物体，你有什么想说的。

生：从前面看是一样的,从左面看是一样的,从上面看到的图形不一样。

师：根据从前面看到的图形，你能推断是哪个物体吗？

生：无法推断。

师：增加视角，根据从前面和左面看到的图形，你能推断这是哪个物体吗?

师:怎样才能推断这是哪个物体?

生:要从前面、左面和上面整体去观察,才能确定是哪个物体。

◎ **深化研究**

1. 观察图 6-128 中三个物体,从哪个方向看到的形状相同?

图 6-128 "观察物体(二)"课堂练习(一)

2. 学生自主研究。

3. 学生分享交流,合作验证。

◎ **练习巩固**

1. 连一连。

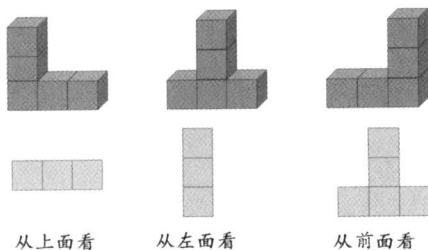

从上面看　　　从左面看　　　从前面看

图 6-129 "观察物体(二)"课堂练习(二)

2. 照样子设计一个方案,让我们一看就知道这是几号几何体。

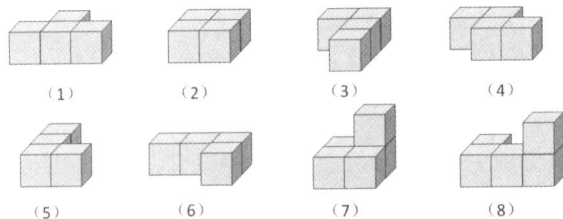

(1)　　　(2)　　　(3)　　　(4)

(5)　　　(6)　　　(7)　　　(8)

图 6-130 "观察物体(二)"课堂练习(三)

◎**总结回顾（略）**

总之，我们应引导学生利用已有的知识经验描述组合体的形状，发展学生的空间意识和几何直观能力。通过从同一个位置观察不同的物体，再让学生根据看到的形状推断是哪一个物体，培养和发展学生的推理能力。在整体视角的观照下，我们研读教材时，不但可以看见方向，还能看见其中的波浪，在波浪起伏的起承转合中保持一种从容和淡定。

6.10 观察物体之三：乱花渐欲迷人眼

人教版五年级下册第一单元编排了"观察物体（三）"，引导学生在观察实物、单个立体图形和几何组合体的基础上进一步学习观察物体，重点发展学生的空间想象能力和逆向推理能力，学生能基于看到的形状还原出图形。

6.10.1 教材研读理脉络

和以往学习的"观察物体"不同，本节课的重点不在于如何观察物体和描述看到的图形。教材编排了两个数学活动：第一个是根据从一个方向看到的形状图，用给定数量的小正方体摆出相应的几何组合体；第二个是根据从三个方向看到的形状图，用小正方体摆出相应的几何组合体。通过这两个活动，学生经历了观察、操作、想象、猜测、分析和推理的过程，积累了观察物体和拼搭物体的活动经验，重点在于提升学生的空间想象能力和推理能力，发展空间观念。

第一个活动有两个层次：用 4 个摆和用 5 个摆。

"用 4 个同样的小正方体摆出从前面看是 ▢▢▢ 的几何体。"用 3 个正方体摆出要求的几何体，有多种情况，这是学生已有的观察物体的知识和经验。4 个小正方体的摆法，实际上就是摆好 3 个之后确定第 4 个小正方体的位置。教材呈现了 2 种摆法，同时给出了学生思考的问题：你是怎样摆的？引导学生基于自己的独立思考和动手操作，摆出不同的几何体。

用5个摆是在4个摆的基础上继续进行的，因此，教材用"如果再增加1个同样的小正方体"的描述，引导学生进入下一个环节。教材也很清楚地指明了操作顺序（见图6-131）：

图6-131 "观察物体（三）"教材内容（一）

你是怎么摆的？你有什么发现？教材给出的这两个问题就是学生动手操作的思考方向。这个操作活动的本质要求不是摆5个小正方体，而是摆好4个小正方体之后确定第5个小正方体的位置。

有了这样的动手操作，就有了操作成果，也就有了对操作结果的思考，怎么会有这么多形状的几何体？可见，根据一个方向看到的图形，是难以推断它的实际形状的。

教材接下来给出了第二个活动："从三个方向观察同一个几何体看到的图形，你能摆出这个几何体吗？"让学生根据三个视角的形状摆出这个几何体，摆的过程实际上就是逆向推理和还原几何体的过程。

图6-132 "观察物体（三）"教材内容（二）

教材呈现的推导过程就是在引导学生先根据从前面看到的图形摆，再根据从左面看到的图形摆，最后根据上面看到的图形来确定和推导几何体的形状。摆完后，还要求学生进行观察和思考，说说自己的发现。

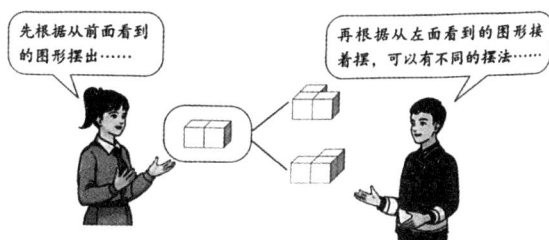

图 6-133 "观察物体（三）"教材内容（三）

6.10.2　厘清脉络定关键

按照要求摆3个小正方体，有多种情况。如果对学生摆的作品进行分类，主要有以下几种情况（见图 6-134）：

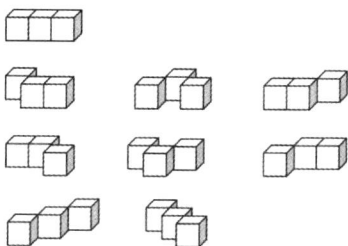

图 6-134　3个小正方体的组合体

根据正面看到的形状确定了3个小正方体摆放的位置后，接下来需要思考的是第4个小正方体的摆放位置，从摆放要求看它只能摆放在已有的3个小正方体的后面或前面。依次按序从左往右摆放，前后可以各呈现4种几何体，以图 6-134 中第二行第一个图为例，摆放位置如图 6-135 所示。

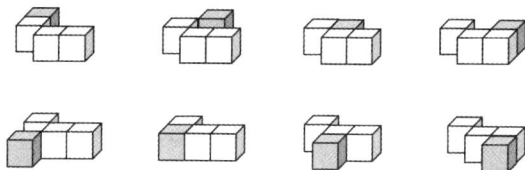

图 6-135　4个小正方体的组合体

由此可以看出，4 个小正方体摆出的几何组合体是有很多种的，而这么多的摆法其本质上是第 4 个小正方体摆放位置的变化。那么，如果用 5 个小正方体来摆呢？

同理，可以发现用 5 个小正方体来摆出要求的几何组合体，就是在由 4 个小正方体组成的几何体的基础上，将第 5 个小正方体依次摆在这个几何体的前面或后面，情况就更为丰富了。同样以图 6-135 中第一行第一个图为例，有 9 种情况（见图 6-136）。

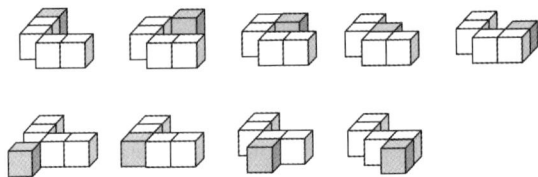

图 6-136　5 个小正方体的组合体

图 6-136 活动操作的本质是确定第 5 个小正方体的摆放位置，正因为第 5 个小正方体的摆放位置有很多种选择，所以才有了这么多的几何体。

因此，根据一个方向看到的图形很难直接推断它原来是什么样的形状。那么，为什么要进行根据从三个方向观察同一个几何体看到的图形来确定这个几何体的数学活动呢？学习活动应当是自主地基于某种目的的操作，而不是教师的指令性操作。学生应当知其然，更要知其所以然，有意识、有目的地进行操作。要明确学习活动的目的是一个视角有多种可能，那么怎样才能确定几何体呢？学生要思考和解决的问题是怎样才能推断和还原这个几何体的形状，而这就需要进行接下来的从三个视角观察的数学活动，通过活动体会如何还原和确定几何组合体的形状。

那么，需要几个方向看到的图形才能确定和摆出这个几何体呢？这就成了学生需要解决的关键问题。学生需要设计观察方案，根据观察方案进行实践验证，确定通过方案能推断和还原这个几何体，同时在还原几何体的过程中发展空间观念和推理能力。

6.10.3　基于关键设活动

那么，学生会设计观察方案吗？他们会从哪几个视角来推导和确定几何体的形状呢？为了了解和研究学生的学情，我们设计了以下学习活动：

请你设计一个观察方案，让人能够一下子就推导出图 6-137 所示的几何体。

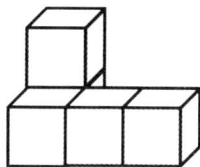

图 6-137　"观察物体（三）"学生学习活动

学生会怎么设计观察方案呢？他们会呈现几个视角看到的图形呢？我们来看学生的学习活动作品（见图 6-138 至图 6-142）。

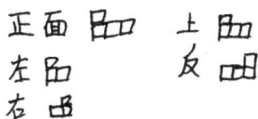

图 6-138　"观察物体（三）"学生学习活动作品（一）

这个学生设计的观察方案能让你推断出是图 6-137 所示的几何体吗？学生设计了从 5 个方向看到的图形来确定这个几何体的方案，显然是可以的，只是观察视角较多。

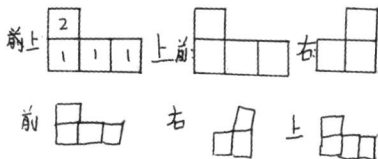

图 6-139　"观察物体（三）"学生学习活动作品（二）

这个学生的设计方案能让你推断出是图 6-137 所示的几何体吗？和前一个学生比，这个学生的作品中包含了两种方案，方案一：先用数字表示各个位置上的小正方体的个数，又从 2 个方向来描述；方案二：从 3 个方向来描述物体。两种方案混在一起，导致其观察过程不明晰。

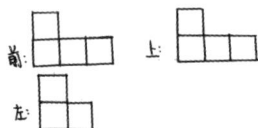

图 6-140 "观察物体（三）"学生学习活动作品（三）

大部分学生设计的方案是分别从前面、左面和上面三个视角描述看到的图形，由此推导出图 6-137 所示的几何体。学生在前面的学习中已经积累和构建了类似观察的经验和方法，并能据此进行推断。

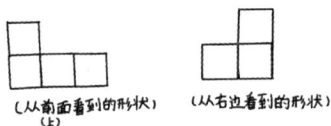

图 6-141 "观察物体（三）"学生学习活动作品（四）

这个学生设计了 2 个视角来推导图 6-137 所示的几何体，如果学生有过基于正面看到的图形来摆一摆 3、4、5 个小正方体的活动经验，应当知道通过 2 个视角是难以推导出图 6-137 所示的几何体的。

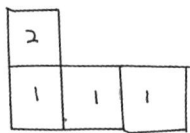

图 6-142 "观察物体（三）"学生学习活动作品（五）

这个学生的设计方案与众不同，他用了从上面看到的一个视角，加上各个位置上的小正方体的个数。一个视角与教材编排的第一个数学活动紧密衔接，小正方体的个数则给学生一个直观的形象。借助从上面看到的图形和各自位置上的小正方体个数，数形结合，显然可以让我们推断和还原几何的形状。

从学生的学习活动作品来看，我们发现学生对于如何描述从不同方向看到的图形形状的技能与方法是很熟悉的，对于从不同视角观察一个物体才能更全面地认识物体也是有活动经验的，能基于已有视角看到的图形描述推断过程和思考。用数学眼光设计方案，用数学思维进行思考，用数学语言描述思考过程，这就是本节课学生要经历的活动过程，也是通过观察物体发展学生学科核心素养的关键所在。

6.10.4　基于活动设教学

基于关键问题和学情研究情况，我们设计了基于关键问题的教学框架，促进学生学科核心素养的发展。

◎复习引入

1.教师出示二年级上册、四年级下册、五年级下册的"观察物体"教材素材图，学生思考：关于观察物体，你已经知道了什么？

2.教师小结：从三个视角去观察物体；把看到的形状画出来；从同一个位置观察不同的物体，看到的图形可能一样；从多个角度观察，可以全面地认识物体。

◎提出问题

师：从同一个位置观察不同的物体，看到的图形可能一样，这样的情况常见吗？如果从前面看到的图形是 $\boxed{\,|\,}$ ，它可能是什么样的几何体？有多少种情况？

师：用3个小正方体摆一摆，可能有几种情况？

学生展示9种不同的情况。

◎深化研究

1.用3个小正方体摆一摆，有9种摆法，如果再增加一个小正方体，会有几种摆法？

2.学生汇报分享。

3.如果是用5个小正方体摆，想象一下：第5个小正方体应该怎么摆放？会有多少种情况？

◎ **破解问题**

师：你有什么发现？

生：从相同位置观察不同的物体，看到的图形可能一样的情况有很多。

师：从一个视角观察，难以推断是哪个物体。

师：怎样可以让我们更好地辨认是哪个物体？请设计一个观察方案，让人能一下子推断出是图 6-143 中的哪个几何体。

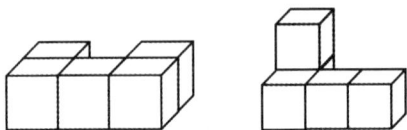

图 6-143 "观察物体（三）"学生学习活动

学生摆、看、画。

学生汇报。

师：你有什么发现？

师生小结：从三个角度观察，可以更好地推断出原来的物体形状。

◎ **应用巩固**

1. 根据图 6-144 中三个视角观察到的图形，你能确定它是什么样的几何体吗？

从前面看　　　从左面看　　　从上面看

图 6-144 "观察物体（三）"课堂练习（一）

2. 照样子设计一个方案，让我们一看就知道是图 6-145 中的哪个几何体。

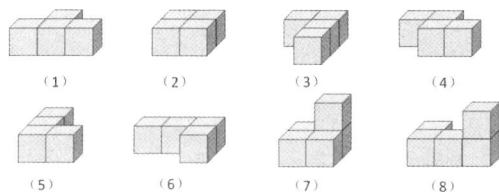

图 6-145 "观察物体（三）"学生课堂练习（二）

3.学生展示作品。

师：你还有不一样的方案吗？

◎ **课堂总结**

师：你有什么收获？

总之，"观察物体（三）"一课的重点是让学生用数学的眼光设计观察方案，用数学思维进行思考，用数学语言描述思考过程。引导学生运用观察物体的知识和经验经历推导的数学活动过程，进一步体会从不同视角观察一个物体才能更全面地认识物体，发展学生的空间观念和推理能力。

6.11 小数的初步认识：知其要者，一言而终

小数的初步认识是人教版教材三年级下册第七单元的教学内容，这是小数的第一次出场，学生开始用数学的眼光去观察生活中的小数，感悟生活中哪些具体情境需要用到小数。通过学习，学生要了解小数的含义，能运用小数表示日常生活中的一些事物，感受小数与实际生活的密切联系。那么"小数的初步认识"一课的关键问题是什么？应设计怎样的学习活动破解关键问题呢？

6.11.1 教材研读理脉络

教材基于学生的生活经验，出示了一组与小数有关的具体情境，从质量、价格、体温等方面让学生感受小数在生活中的广泛应用。

我们买水果时，计重器常常显示出重量是小数的情况；购买学习用品

时，常看到它们的标价是小数；测量体温时，体温计上常常出现小数。这些是学生在现实世界中经常遇见的数学现象，通过小数的眼光去看这些情境，就会发现小数无处不在，应用非常广泛。

用数学的眼光去看这些情境中的小数，学生就会有意识地理解和把握与小数有关的数学知识。教材以举例的方式指出"像 3.45、0.85、2.60 和 36.6 这样的数叫作小数"，小数的名称开始正式出现。小数和整数不同的地方在于它有个"小数点"，有了小数点就有了不一样的数的含义，有了不一样的形式和不一样的读法。

那么，为什么要有小数点？小数点是基于什么出现的？小数的含义是什么呢？我们在什么时候需要用到小数呢？人教版教材呈现了一个问题情境（见图 6-146）：

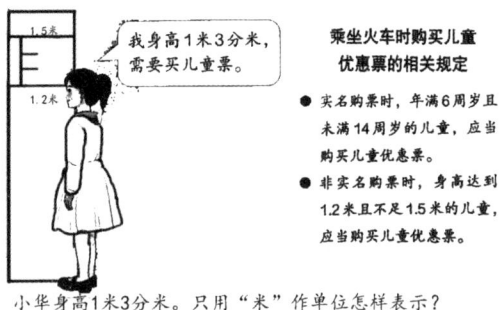

图 6-146 "小数的初步认识"教材内容（一）

多出来的 3 分米要用米作单位，引出了学生需要探究的数学问题："只用米作单位怎样表示？"为什么要只用"米"作单位？怎么只用"米"作单位？只用"米"作单位的关键是什么？这些都是我们在教材研读时需要思考的问题，教材接下来呈现的就是解决怎样只用"米"作单位的数学问题（见图 6-147）。

把1米平均分成10份，每份是1分米。

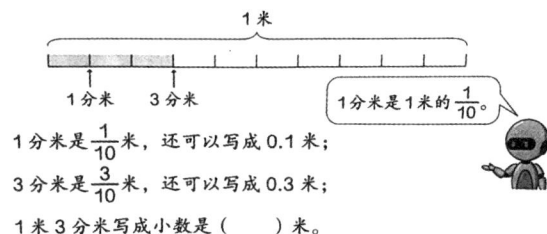

1分米是 $\frac{1}{10}$ 米，还可以写成0.1米；

3分米是 $\frac{3}{10}$ 米，还可以写成0.3米；

1米3分米写成小数是（　　　）米。

图 6-147 "小数的初步认识"教材内容（二）

因为要将 3 分米换作以米作单位，学生自然就会思考分米与米的关系，研究如何在 1 米中找到 3 分米。要在 1 米中找到和表示出 3 分米，学生需要激活"十进制"学习经验，需要把 1 米平均分成 10 份，从而找到这样的 3 份。作为小学数学教学中的一个重要概念，"十进制计数法"不仅是计数的原理，也是计数法则的原理；它不仅是一个概念，更是一个概念体系、一种结构、一种关系、一个模型和一种思想方法。

小数是使用十进制位值法计数的，因此，教材选用的素材是米制系统和元角分两个素材，两者都是基于十进制构建的长度单位和币值结构，能够很清楚地凸显 3 分米和 1 米之间的关系，即 3 分米是 1 米的 $\frac{3}{10}$ 。

"做一做"（见图 6-148）编排的就是与例题具有相同结构的元角分素材，丰富了与小数有关的具体情境的范例，有助于学生进一步体会一位小数的含义。

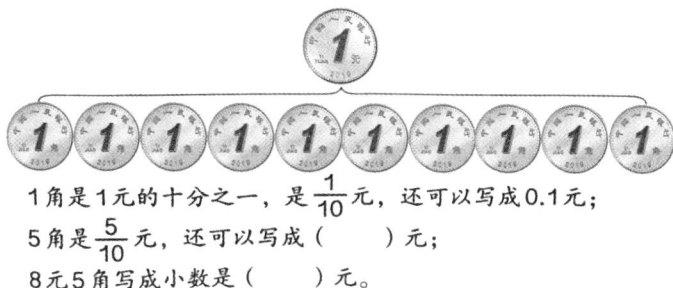

1角是1元的十分之一，是 $\frac{1}{10}$ 元，还可以写成0.1元；

5角是 $\frac{5}{10}$ 元，还可以写成（　　　）元；

8元5角写成小数是（　　　）元。

图 6-148 "小数的初步认识"教材内容（三）

6.11.2 厘清脉络定关键

基于教材研读，我们可以发现"小数的初步认识"一课的重点环节是研究"小华身高 1 米 3 分米，只用米作单位怎样表示"，那么，这个环节的关键教学点是什么呢？人教版教材采用了直叙的方法，是这样编排的：

1 分米是 $\frac{1}{10}$ 米，还可以写成 0.1 米；

3 分米是 $\frac{3}{10}$ 米，还可以写成 0.3 米。

从描述形式上看，这两句话应该是连接在一起的。我们来作个对比，看看苏教版教材对这一教学内容的描述，它首先给出了研究素材（见图 6-149），要求学生用米作单位并用分数表示 5 分米和 4 分米。

图 6-149 苏教版"小数的初步认识"教材内容（一）

学生凭借已往积累的分数学习经验，已然必备了解决这类问题的能力。苏教版教材以图 6-150 所示的编排方式引出小数。

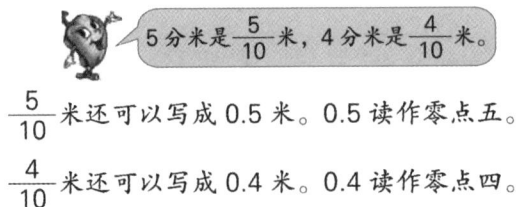

$\frac{5}{10}$ 米还可以写成 0.5 米。0.5 读作零点五。

$\frac{4}{10}$ 米还可以写成 0.4 米。0.4 读作零点四。

图 6-150 苏教版"小数的初步认识"教材内容（二）

一个显著的区别是苏教版先出示"5 分米是 $\frac{5}{10}$ 米，4 分米是 $\frac{4}{10}$ 米"，再引出小数" $\frac{5}{10}$ 米还可以写成 0.5 米，$\frac{4}{10}$ 米还可以写成 0.4 米"。从教材的对比中，我们能够看出十进分数在小数的认识中起到了关键的作用。有学者指出："小数是'十进分数'，这里的'分数'只是一个描述计数单位的工具，'十进'（或'十分'）才是本质。"

基于此，学生在学习小数时应知道把 1 米平均分成 10 份，3 分米就是这样的 3 份，就是 $\frac{3}{10}$ 米。在此基础上深刻感悟基于长度单位或币值单位之间的十进关系：计数单位米或角平均分成十份，一份就是米或角的十分之一。

巩子坤、史宁中等人在《义务教育数学课程标准修订的新视角：数的概念与运算的一致性》一文中指出："小数意义的教学重点在于位值制。按照'逢十进一'和'退一作十'的规则构建出来的小数，可以和整数一起构成完整的位值制系统，这正是小数的意义和核心所在。"因此，学生认识小数应让其通过研究和实践，探索用十进分数表示 3 分米。小数的初步认识的关键问题是"如何引导学生体会一位小数是用来表示十分之几的"，这也是本节课的种子特质。

6.11.3　基于关键研学情

小数的初步认识的关键问题是"如何引导学生体会一位小数是用来表示十分之几的"，那么学生对"十进"有体会吗？他们能理解小数是"十进分数"吗？我们设计了以下学习活动，对学生学情进行了研究：

3 分米用米作单位怎样表示？

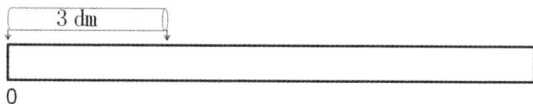

图 6-151 "小数的初步认识"学生学习活动

那么，学生会怎么表示呢？我们来看学生的活动成果（见图 6-152 至

图 6-156 ）。

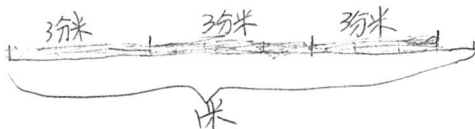

图 6-152 "小数的初步认识"学生学习活动作品（一）

这个学生有用米作单位表示出 3 分米吗？显然是没有，他只是在 1 米中标出了 3 个"3 分米"。但是，他有个地方做得非常好，在哪里呢？就是他表示出 1 米里面除了 3 个"3 分米"之外，还要多一点点。

图 6-153 "小数的初步认识"学生学习活动作品（二）

和图 6-152 对比，这幅作品好在哪里？它好在这个学生不但表示出 1 米里面有 3 个 3 分米，还告诉我们多了 1 分米。这两个学生实际上都是以 3 分米为标准去度量 1 米，虽然没有表示出如何只用米作单位表示 3 分米，但是把"1 米 =10 分米"的十进关系表示出来了，为后续的研究提供了很好的素材。

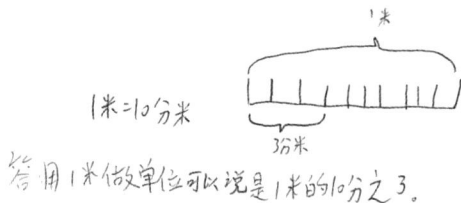

图 6-154 "小数的初步认识"学生学习活动作品（三）

可以看到，学生已经表示出了把 1 米平均分成 10 份。为什么平均分成 10 份？学生用一个"1 米 =10 分米"数学式子说明了理由，正因为 1 米 =10 分米，所以把 1 米平均分成 10 份后，3 分米就是其中的 3 份，根据已有的学习经验，学生描述"用 1 米作单位可以说是 1 米的十分之三"。虽然还没有很好地完成任务，但是"十进"出现了，"十进分数"也出现了。

图 6-155 "小数的初步认识"学生学习活动作品（四）

"$\frac{3}{10}$ 米"出现了，用米作单位来表示 1 米中的 3 份出现了，这样的 3 份就是 3 分米。虽然学生没有写出来，但是图中所呈现出来的"3 分米 = $\frac{3}{10}$ 米"就是学生给出的对学习活动任务的解答。

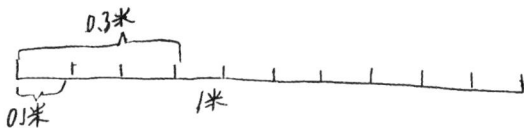

图 6-156 "小数的初步认识"学生学习活动作品（五）

有的学生直接用 0.3 米表示 3 分米，结果当然是正确的。但是学生对于把 1 米平均分成 10 份的理解，如果缺乏了 $\frac{3}{10}$ 的呈现过程，似乎对"十进"少了那么一点浓墨重彩的渲染力度，难以深刻体会基于"十进"的小数含义的本质。

6.11.4 基于活动设教学

基于教材研读和学生学情研究的成果，我们可以设计基于关键问题的教学设计，进而破解小数的初步认识的教学难点。

◎**引入：回顾米和分米的关系**

1.猜一猜，这条短的线段有多长？

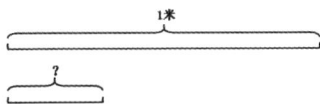

图 6-157　"小数的初步认识"课堂教学素材（一）

2. 借助米尺测一测，这条短的线段有多长？

图 6-158　"小数的初步认识"课堂教学素材（二）

教师小结：把 1 米平均分成 10 份，每份是 1 分米，其中的 3 份是 3 分米。

◎**探究：初步认识小数**

师：小朋友身高 1 米 3 分米，老师现在要以"米"作单位记录下来，该怎样表示呢？

学生思考：要把 1 米 3 分米写成用米作单位，解决这个问题的关键是什么？

学生活动：3 分米怎样用米作单位来表示？请你用写一写、画一画等方式表示出来。

展示学生学习活动作品（见图 6-152 至图 6-156）。

学生对比有用米作单位表示出来的和没有用米作单位表示出来的学习活动作品之间的差异，并思考用米作单位表示出 3 分米的关键是什么。

教师板书：3 分米 = $\dfrac{3}{10}$ 米。

◎**类比：引出一位小数**

1. 1 分米，怎样用米作单位表示？　2 分米，怎样用米作单位表示？　6 分米，怎样用米作单位表示？

2. $\dfrac{3}{10}$ 米可以写成 0.3 米，$\dfrac{1}{10}$ 米可以写成 0.1 米，$\dfrac{6}{10}$ 米可以写成 0.6 米。

$1\ dm = \dfrac{1}{10}\ m = 0.1\ m$　　$3\ dm = \dfrac{3}{10}\ m = 0.3\ m$　　$6\ dm = \dfrac{6}{10}\ m = 0.6\ m$

3. 思考：观察这些分数与小数，你有什么发现？

◎**写数：体会小数点的应用**

1. 解题：1 米 3 分米用米作单位怎么表示？

2. 比较学生答案。（预判两种最可能出现的表达方式 10.3 米、1.3 米。教师要注意到 10.3 米是学生把 1 米和 0.3 米合在一起的结果）

3. 学生思考：你觉得哪种写法更合适？好在哪里？1.3 米的写法中 1 米在哪里，3 分米在哪里？是用什么表示出来的？

4. 教师小结：小数点尽管小，作用却非常大。小数点的前面表示米，后面表示分米。

◎**打通：再次理解小数**

1. 图 6-159 中的两份材料有什么相同的地方？

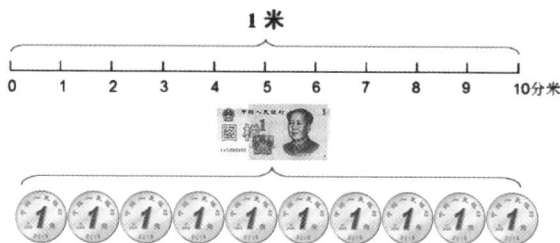

图 6-159 "小数的初步认识"课堂教学素材（三）

2. 试一试：只用元作单位表示下面的角数。

1 角 =（　　）元　　3 角 =（　　）元　　8 元 5 角 =（　　）元

师：和它们类似的材料还有吗？它们之间有什么相同的地方？

◎**练习：巩固小数的含义**

1. 看图写出小数。

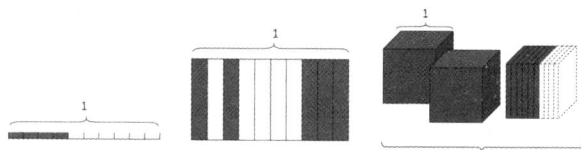

图 6-160 "小数的初步认识"课堂练习（一）

2. 看图读出小数。

| 5.5元 | 2.8吨 | 36.7摄氏度 | 1.7米 |

图 6-161 "小数的初步认识"课堂练习（二）

3. 看数轴找小数：1.7 在哪里？如果小明的身高是 1.76 米，它在哪里？

图 6-162 "小数的初步认识"课堂练习（三）

教师小结：我们以后会继续学习像这样比 1.7 大，但是又比 1.8 小的小数。

◎**联通：体会小数与整数的联系**

1. 看图填空。

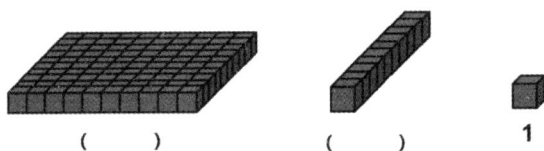

图 6-163 "小数的初步认识"课堂练习（四）

2. 看图填空。

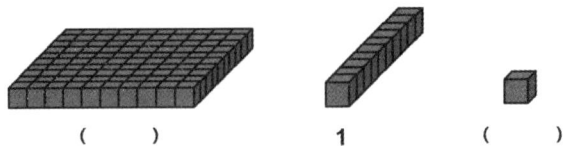

图 6-164 "小数的初步认识"课堂练习（五）

3. 看图填空。

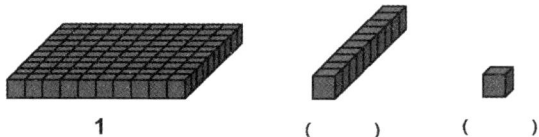

图 6-165　"小数的初步认识"课堂练习（六）

◎ **总结**

回顾学习过程，你对小数有了哪些认识？你有什么收获？

总之，认识一位小数的关键是体会其中的十进关系，明确一位小数是用来表示十分之几的。当小数的初步认识的教学有了基于长度模型的十进制的支撑，我们就可以构建从 3 分米到 $\frac{3}{10}$ 米，再到 0.3 米的数的描述方式的衔接机制，从而引导学生用十进制的眼光去看现实世界两种量之间的关系，建构分米和厘米、角和分、厘米和毫米三类数学模型。

推而广之，只要是满足十进关系的，都可以用一位小数表示不到 1 的量。《素问·至真要大论》中说："知其要者，一言而终，不知其要，流散无穷。"能抓住关键问题，一句话就能把它讲清楚；如果不知道它的关键点，说得再多也无用。

6.12　小数初步认识的复习：绿叶对根的情意

人教版数学三年级下册第七单元编排了小数的初步认识教学内容，整个单元包含了"认识小数""小数的大小比较""简单的小数加减法""解决问题"四部分内容。那么，在该单元教学完成之后，如何引导学生对单元知识进行回顾和梳理，温故而知新，整体把握小数的相关知识，构建知识间的内在联系呢？如何基于关键问题设计复习梳理的学习活动呢？

6.12.1　课前慎思明目标

每单元结束的时候，教材都会呈现这样一句话："本单元结束了，你想说些什么？"那么，学生有回顾吗？学生是怎么回顾的？对于复习课来说，复习梳理，除了查漏补缺，还有一个很重要的任务是通过"温故"引导学生"知新"。

"温故而知新"是我们耳熟能详的，它是复习课的一个重要教学任务。孔子说，"温故而知新，可以为师矣。"为什么"可以为师矣"？为什么通过"温故而知新"，就可以做他人的老师了？因为这个"新"是自己发现的，是老师没有教的，是自己感悟的，是对个人成长有价值和意义的。可见通过温故，得到新知是一件很重要的事，是学生应当具备的素养，也是我们复习课的关键任务。

我们可以就此对复习课提出一些问题：通过复习和梳理，学生能获得哪些新的发现呢？怎样上复习课让学生获得新的发现呢？复习课上让学生获得新的发现的抓手是什么呢？

比如，"小数的初步认识"单元复习，我们要思考的问题是：学生初步认识了什么？他们是怎么认识的？这些认识包含哪些内容？这些内容之间有什么内在的联系？如何把这些珍珠串成项链？学生需要温哪些故、知哪些新呢？我们需要做什么？我们需要引导学生做什么？

有了问题，就有了研究的方向，我们就可以基于单元回顾和梳理确定单元复习的关键问题，进而通过设计温故与知新的学习活动，引导学生构建知识框架，从整体上把握小数，为学习小数的再认识做好铺垫。

6.12.2　教材梳理定关键

回顾这个单元的学习内容，教材首先出示的是主题图，这是学生在生活中经常看到的数学现象。什么是现象？有人说现象就是"象"浮现出来以后体现出来的样子。图 6-166 中三幅图呈现的就是小数在生活中体现出来的样子。

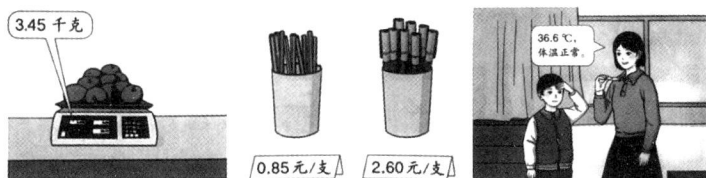

图 6-166　"小数的初步认识"教材内容（一）

接下来教材出示的是让学生"把 1 米 3 分米只用米作单位来表示"的数学活动，这是需要学生主动参与、自主探索的学习活动，学生只有经历类似的解决问题的活动才能构建小数的认知框架。

"做一做"中关于元角分的小数，是与例题具有相同结构的学习材料，它们具有结构上的一致性。比小数的大小，在比什么？基于什么来比较？我们可以发现是基于小数的含义来比较大小的，小数的含义是比较大小的基础。

教材编排的练习"做一做"（见图 6-167）是让学生看图比较两个小数的大小，根据小数的意义来比较。0.4 表示的是 $\frac{4}{10}$，0.6 表示的是 $\frac{6}{10}$，所以 0.4 小于 0.6。基于小数的含义，可以很清楚地描述和比较它们的大小。

看图比较下面各组数的大小。

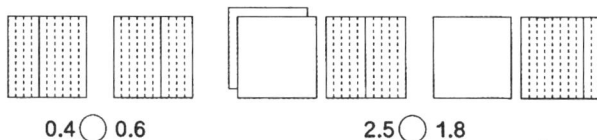

0.4 ◯ 0.6　　　　2.5 ◯ 1.8

图 6-167　"小数的初步认识"教材内容（二）

怎么计算图 6-166 中两支笔的总价？怎么计算它们的价格相差多少？需要用到小数的加减法。小数的加减计算的算理基础是小数的含义，根据含义，角要和角加，元要和元加，因此角位要和角位对齐，元位要和元位对齐，小数点要和小数点对齐。

复习课是对整个单元的整体梳理，"温故"需要让学生站在整体的高度看所有内容之间的内在联系。我们要在复习中把这个整体联系的"象"

的样子呈现出来，让学生看得到、摸得着，让他们构建学习的方法和思想，这是复习课中的关键问题，是比知识和技能更重要的素养。

小数的知识之间有什么联系呢？对于"它们之间有什么联系"的思考和研究，就成为学生自主探索的基于关键问题的学习活动（见图6-168）。

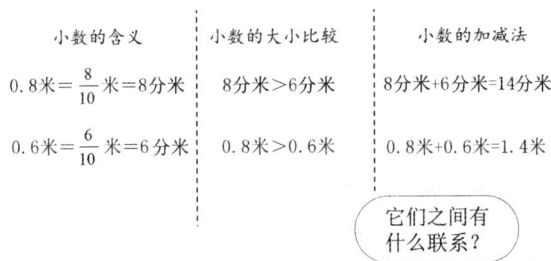

小数的含义	小数的大小比较	小数的加减法
$0.8米=\dfrac{8}{10}米=8分米$	8分米>6分米	8分米+6分米=14分米
$0.6米=\dfrac{6}{10}米=6分米$	0.8米>0.6米	0.8米+0.6米=1.4米

它们之间有什么联系？

图6-168 "小数的初步认识"复习课学习活动

它们之间有什么联系？我觉得用"绿叶对根的情意"可以表达。

因为小数的意义是根，大小比较和加减计算是根上长出的枝叶，根深才能叶茂。所以，对于概念的理解是很重要的，教师不仅要自己深度理解概念，更要带着学生一起经历概念形成的过程。因为一切和小数有关的方法的运用，最终都要追溯到对小数意义的理解。

6.12.3 基于关键设活动

《义务教育数学课程标准（2022年版）》指出：数学课程内容的一大特点就是整体性。课程内容的确定、课堂活动的设计、不同知识点之间的关联，都应该基于整体视角凸显一致性。从小数的角度来看，小数的认识应当与整数的认识具有一致性；小数的运算应当与整数的运算具有一致性；小数的概念与小数的运算之间也应当具有一致性。单元复习课是一次很好地践行与诠释整体性和一致性的契机。

我们知道，数的概念的一致性体现为计数单位的建构，一位小数的本质是用来表示十分之几的。对小数概念的把握是比较小数大小、开展小数运算的基础，而小数大小比较、小数运算，则是对小数概念的再应用。我们可以基于数与运算的一致性，从整体性的视角思考这个单元的内容，通过小数的含义把相关知识串在一起，构建具有整体视角的知识框架，犹如把珍珠串成项链。

基于以上理解，我们设计了两个学习活动，以关键活动任务推进学生的自主梳理和知识建构。

在梳理完本单元的知识内容后，我提出了第一个关键活动任务：

你能用 0.8 米和 0.6 米写一写这个单元的学习内容吗？把你想到的记录下来。

让学生借用这两个小数对知识进行表达，那么学生会怎样表达和描述呢？学生呈现了如下学习活动成果（见图 6-169）。

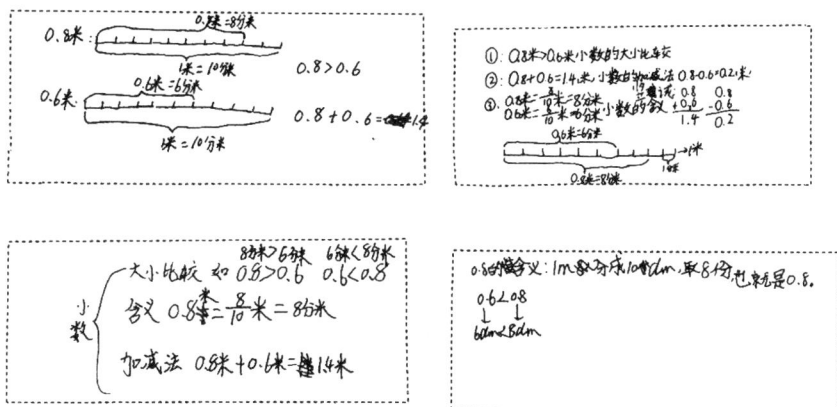

图 6-169 "小数的初步认识"复习课学生学习活动作品（一）

可以看出学生在借助"0.8 米"与"0.6 米"这两个具体的量来表达本单元的知识时，无论是对小数大小比较的掌握，还是对小数加减法的理解，都是基于对小数概念的把握，即 0.8 米 =8 分米，0.6 米 =6 分米。

在对比与沟通中，学生可以感受整个单元知识内容之间的一致性，体会小数的概念、运算与整数的概念、运算的一致性。

有了对单元知识的唤醒，以及对知识本身结构进行梳理之后，如何从单元知识的角度，去看待其他的生活场景呢？于是，便有了本节课的第二个关键活动：

根据图 6-170 中的信息，你会编数学问题吗？把它记录下来。

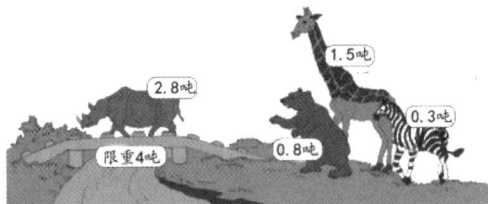

图 6-170 "小数的初步认识"复习课学习活动

学会提问，就是一种很棒的学习能力。看到图 6-170 中的场景，学生的脑海中会浮现哪些相关的数学信息？这些数学信息，学生又将通过怎样的整理，编出哪些数学问题呢？

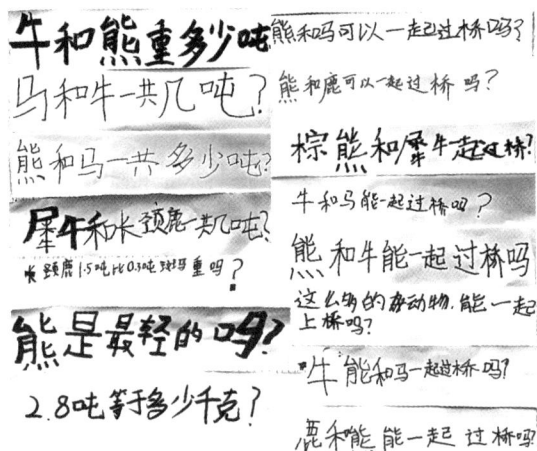

图 6-171 "小数的初步认识"复习课学生学习活动作品（二）

学生提出的问题，指向的是对小数概念的理解、小数的大小比较、小数的加减运算，以及对小数相关知识的综合运用。课堂上有了对单元知识的充分唤醒与梳理，这时候学生的问题百花齐放。学生对数学信息进行有效提取，再进行合理设计。通过自主表达，对问题进行归类梳理，再到自主解决问题。在不同的素材之间，学生再一次感受到了知识内容的整体性与一致性。

6.12.4 基于活动设教学

根据基于整体视角的教材内容梳理，在充分解读学生学习活动成果的基础上，我们可以设计基于小数认识整体一致性的教学方案，构建课堂教学框架。

◎**回顾旧知**

师：这个单元我们学了什么内容？

生：小数的含义、小数的大小比较、小数加减法。

◎**整理知识**

1. 复习：读一读，说一说这两个小数 0.8 米、0.6 米。

2. 任务：你能用 0.8、0.6 两个小数，来说一说这个单元的学习内容吗？把你想到的记录下来。

3. 学生自主活动。

◎**分享交流**

师：你怎么想？（出示 0.8>0.6）

生：因为 0.8 米 =8 分米，0.6 米 =6 分米，8 分米 >6 分米，所以 0.8 米 >0.6 米。

师：为什么都是 8+6？这里的 8 和 6 表示什么？（出示 0.8+0.6=1.4 的竖式）

生：8 分米 +6 分米 =14 分米，所以 0.8 米 +0.6 米 =1.4 米。

◎**对比研究**

1. 观察图 6-172，说说你的发现。

小数的含义	小数的大小比较	小数的加减法
$0.8 米 = \frac{8}{10} 米 = 8 分米$	$8 分米 > 6 分米$	$8 分米 + 6 分米 = 14 分米$
$0.6 米 = \frac{6}{10} 米 = 6 分米$	$0.8 米 > 0.6 米$	$0.8 米 + 0.6 米 = 1.4 米$

图 6-172 "小数的初步认识"复习课课堂教学素材（一）

2.思考小数的含义、小数的大小比较以及小数的加减法之间的联系。

◎ **应用巩固**

1.你能用本单元的学习内容向别人介绍图6–173吗？

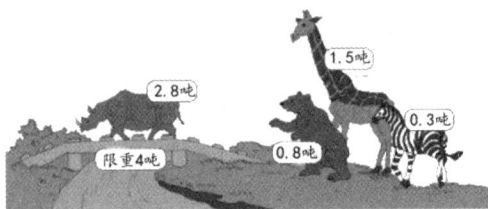

图6–173 "小数的初步认识"复习课课堂教学素材（二）

2.根据这些信息，你会编数学问题吗？把它记录下来。

3.你能对这些问题进行分类吗？它们分别属于哪个内容？这些题目你会做吗？

◎ **深化探索**

1.0.8吨是多少千克？

2.学生自主探索。

师生小结：体会把1吨平均分成10份，这样的8份是800千克，进一步理解一位小数表示的是平均分成10份，表示这样的几份的数。

◎ **课堂总结（略）**

我们通过复习"小数的初步认识"单元，知道了所有的知识内容其实都是将小数转化成相同单位的数来进行大小比较、加减计算，它们之间其实都存在内在联系。在寻找知识之间内在联系的同时，我们要让学生带着整体的、联系的、发展的眼光看问题，感受数的认识和计算的一致性，有助于学生数学核心素养的发展。

6.13 小数乘小数：运算一致性的路在何方

小数乘小数是人教版五年级上册第一单元的教学内容，是在学生学习了小数的意义和性质，掌握了小数乘整数的算理和算法的基础上的学习内容。那么，小数乘小数的关键问题是什么？它与整数乘法有什么不同？与小数乘整数有什么不同？又有什么相同呢？

6.13.1 教材研读理脉络

小数乘法在实际生活中有着广泛的应用，是学生应该掌握的基础知识和基本技能，主要包括小数乘整数和小数乘小数两类计算。学生通过小数乘整数的学习，已经掌握了通过单位换算和积的变化规律将小数乘法转化成整数乘法的算理和算法。

"小数乘小数"一课教学，教材以解决实际问题（见图 6-174）引入。

给一个长 2.4 m、宽 0.8 m 的长方形宣传栏刷油漆，每平方米要用油漆 0.9 kg。一共需要多少千克油漆？

图 6-174 "小数乘小数"教材内容（一）

这是一个实际问题，根据教材说法，其具有三项教学功能：提供学习素材、引起认知冲突、细分问题。在这个学习素材中，学生需要在解读问题的基础上明确解决问题的步骤，列出 2.4×0.8 这一小数乘小数算式解决宣传栏的面积问题。于是就有了两个因数都是小数的乘法该如何计算的数学问题。

教材提出了"可以把它们看作整数来计算吗"的数学问题，能吗？学生根据已有的学习经验，有三条路径来解答这个问题：利用单位换算可以把 2.4 m 和 0.8 m 转化成 24 dm 和 8 dm，利用积的变化规律，利用计数单位的数量。

教材在此处给的提示是利用积的变化规律，将两个因数同时转化为整数进行计算，再引导学生根据因数的变化引起积的变化的规律确定积的大小，以竖式的变化揭示小数乘小数的算理（见图 6-175）。

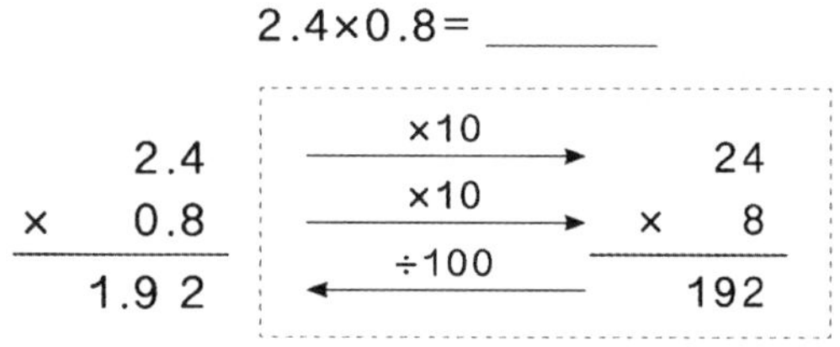

$$2.4 \times 0.8 = \underline{\qquad}$$

图 6-175 "小数乘小数"教材内容（二）

教材借助因数与积的变化规律将小数乘法转化为整数乘法，以此作为小数乘法的一般方法帮助学生构建小数乘法的算理和算法。进而，在学生完成"做一做"后，教材编排了数学活动："观察例 3 和上面各题中因数与积的小数位数，你能发现什么？"从积的变化规律的角度来说，这个活动有助于学生掌握算理，发现规律。那么，为什么要观察小数位数？怎么观察小数位数？学生能发现什么？这个数学活动有助于学生掌握小数乘法的算理吗？

6.13.2 厘清脉络定关键

从整体视角上来看，小数乘整数可以基于计数单位来理解算理，保持与整数乘法算理的一致性。

图 6-176 "小数乘整数"教材内容（三）

在图 6-176 中，7×4 的结果是（7×4）个一，0.7×4 的结果就是（7×4）个 0.1，两者之间具有内在的基于计数单位的一致性。如果把小数乘整数的算理回归到对计数单位的总个数的理解上，就可以与整数乘法保持一致。

相比小数乘整数教学，小数乘小数算理教学，教材一般开启的是"积的变化规律"通道，没有呈现基于计数单位的教学内容编排。对于计数单位的探究，我们需要思考小数乘法的意义。教师用书里有一段关于意义的描述："小数乘法是转化为整数乘法来计算的，其计算方法的推导与小数乘法的意义联系不大。故此，教材淡化了小数乘法意义的教学。"

但是，如前所述，利用小数和小数乘法运算的意义，结合面积模型，我们可以引导学生发现新的计数单位，基于计数单位使小数乘法转化为整数乘法。由此，我们可以实现小数乘小数的算理和算法与整数乘法的一致性，有助于学生整体把握乘法运算。从这个视角去观察"做一做"中提出的"观察例 3 和上面各题中因数与积的小数位数，你能发现什么"数学问题，我们发现很多学生会陷入形式记忆，注重外在表象，而不是以计数单位来构建算法，难以真正理解小数乘法的算理。

《义务教育数学课程标准（2022 年版）》中提出要"感悟数的运算以及运算之间的关系，体会数的运算本质上的一致性，形成运算能力和推理意识"。无论是整数乘法，还是小数、分数的乘法运算，本质上描述的都是"计数单位个数的重复加"算理，需要强化计数单位在运算中的作用，以计数单位来统领和构建乘法运算的一致性，形成整体认知结构。

那么，如何借助数和运算的意义，以乘法运算的形式记录新计数单位产生的过程，把小数乘小数的算理统一到"计数单位个数的重复加"的认知结构中，实现乘法算理的整体性和一致性，就成了本节课的关键问题。

6.13.3　基于关键研学情

在小数乘整数的教学中，我们已经构建了基于计数单位的算理和算法，引导学生从计数单位的角度进行运算，明确了整数乘整数和小数乘整数的一致性。

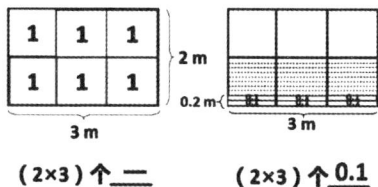

图 6-177　"小数乘整数"教学素材

由图 6-177 可知，长 3 m、宽 2 m 的长方形的面积是由面积单位为 1 的小正方形每行摆 3 个，摆这样的 2 行得到的，因此一共有（2×3）个一。

长 3 m、宽 0.2 m 的长方形的面积是多少呢？从面积模型图中可以看出，长没有变，宽发生了变化。根据小数的意义，宽 0.2 m 就是把边长 1 m 平均分成 10 份，也就意味着把面积单位平均分成 10 份，每份的面积单位是 0.1 m²，0.2 m 就表示这样的 2 份。同样是每行摆 3 个，摆这样的 2 行，但是每份的面积单位变了，变成了 0.1 m²，一共有（2×3）个 0.1。

那么，学生会如何表示 0.2×0.3 呢？我们设计了以下学习活动进行学情研究。

1. 计算整数乘法 20×3，我们可以把 20 看作 2 个十，也就是 2 捆小棒。这样 20×3 就可以看作 2×3，是 2×3 个（　　　）。（填计数单位）

2. 计算小数乘法 0.2×3，我们可以把 0.2 看作 2 个 0.1。这样 0.2×3 就可以看作 2×3，是 2×3 个（　　　）。（填计数单位）

3. 计算小数乘法 0.2×0.3，还能看作 2×3 吗？是 2×3 个（　　　）？请用画一画、写一写等方式在图 6-178 中说明你的理由。

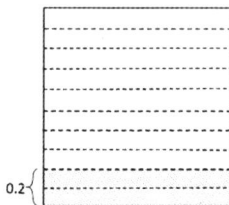

图 6-178　"小数乘小数"学习活动

基于已有的知识经验，学生自主表达和描述 0.2×0.3 的计数单位和计算结果，呈现了具有鲜明个性的作品（见图 6-179 至图 6-183）。

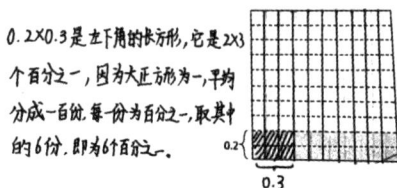

图 6-179　"小数乘小数"学生学习活动作品（一）

学生是基于大正方形而得到 0.2×0.3 的计数单位的，是从整体上把"1"平均分成 100 份得到的。可以发现学生知道计数单位是 0.01，但对于它是怎么来的不清楚。

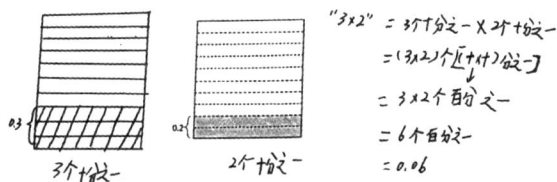

图 6-180 "小数乘小数"学生学习活动作品（二）

学生描述了 0.3 的意义是表示 3 个十分之一，0.2 是表示 2 个十分之一，也表示了它们的积是表示 6 个百分之一，但是（十分之一）×（十分之一）怎么就变成了百分之一呢？显然，学生是难以理解的。

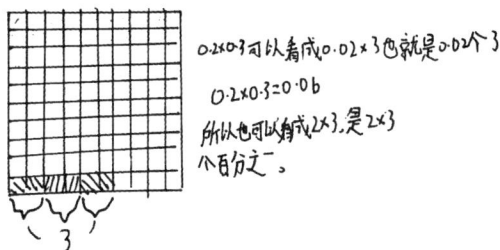

图 6-181 "小数乘小数"学生学习活动作品（三）

学生利用积的变化规律，把小数乘小数转化成小数乘整数，0.2×0.3 就转化成了 0.02×3，就可以用已有的小数乘整数的学习经验推导出是 (2×3) 个 0.01。

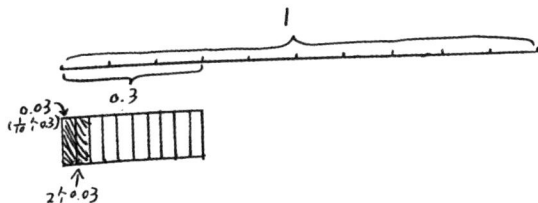

图 6-182 "小数乘小数"学生学习活动作品（四）

学生从数的意义角度描述计数单位和算法，他先基于小数的意义表示出 0.3，再用一个长方形表示 0.3。因为 0.2 的意义就是"把这个长方形平均分成 10 份，表示这样的 2 份"，所以他进一步画图表示出这个长方形平均分成 10 份的过程。0.3 平均分成 10 份，每份就是 0.03，这样的 2 份就是 $0.03 \times 2 = 0.06$。

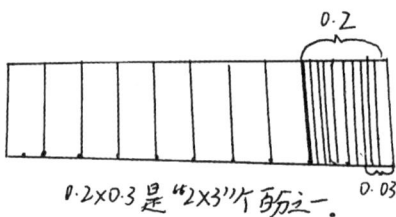

图 6-183 "小数乘小数"学生学习活动作品（五）

学生描述了 0.2 平均分成 10 份和取其中 3 份的过程，生动地表达了计数单位 0.01 的生成过程，可以发现每个 0.1 里都有一个 0.03，共有 2 个 0.03，也就是一共有（2×3）个百分之一。

从学生的学习作品中，可以发现学生能有意识地联系数的意义去理解 0.2×0.3 的算理，从小数的本质描述一个数乘小数的含义。这凸显了基于小数意义的计数单位的生成过程，有助于学生基于计数单位去理解运算的一致性，进而理解算理、掌握算法。

6.13.4　基于活动设教学

根据教材研读和学情研究，我们可以引导学生自主探索小数乘小数的算法，进而基于计数单位的运算一致性去理解算理，形成小数乘法运算的整体认知结构。

◎**复习旧知**

师：为了迎接国庆，五年级同学打算对图 6-184 中的宣传栏进行装饰。你发现了什么？

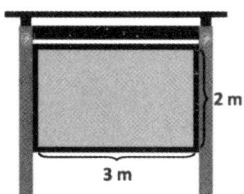

图 6-184 "小数乘小数"课堂教学素材（一）

生：宣传栏长 3 米，宽 2 米；宣传栏的面积是 2×3=6（平方米）。

教师板书：$2 \times 3 = 6$。

师：他们打算在下边框内进行装饰，现在你又发现了什么？

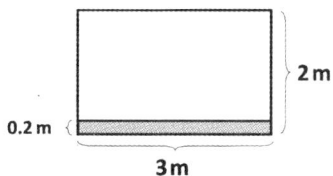

图 6-185 "小数乘小数"课堂教学素材（二）

生：红色框宽 0.2 米，长 3 米，面积是 0.2×3=0.6（平方米）。

教师板书：$0.2 \times 3 = 0.6$。

◎ **引入新知**

在宣传栏左侧用色笔涂出宽 0.2 m、长 0.3 m 的长方形，涂色区域有多大？你会列式吗？

教师根据学生的回答板书：0.2×3。

师：仔细观察，这道算式和之前学的算式有什么不一样？

生：两个因数都是小数。

师：今天我们就是要学习像这样的小数乘小数。

◎ **对比梳理**

1. 如果用一个正方形表示 1 平方米，你能想象 2×3 的样子吗？出示图 6-186，它表示（2×3）个几？

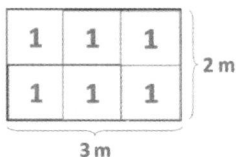

图 6-186 "小数乘小数"课堂教学素材（三）

教师板书：（2×3）个一。

2. 那 0.2×3 是怎样摆出来的？是用什么作单位摆的？

师生小结：每行摆 3 个"1"，摆这样的 2 行，就是（2×3）个一；每行摆 3 个"0.1"，摆这样的 2 行，就是（2×3）个 0.1。

师：那 0.2×0.3 又在哪里呢？它又表示（2×3）个几呢？

◎ **自主探究**

1. 学习活动：0.2×0.3 在哪里？它的计数单位是什么？用画图、文字等方式表示你的思考。

2. 学生自主研究。

3. 逐一展示学生作品：引导学生评价有没有说清楚"0.2×0.3"在哪里，计数单位是什么。

4. 教师小结：0.2×0.3 就是把 0.2 中的每一个 0.1 继续平均分成 10 份，取其中的 3 份，计数单位就变成了 0.01，一共有（2×3）个 0.01。

师：静静地回顾我们是怎么找到 0.2×0.3 的，我们先找到了 1，把 1 平均分成 10 份，每份就是 0.1。再将 0.1 平均分成 10 份，每份就是 0.01。0.2×0.3 就是（2×3）个 0.01。

◎ **联结沟通**

1. 观察：从刚才的研究中，你看到"变"了吗？计数单位发生了变化。

2. 思考：你之前遇到过两数相乘计数单位的改变吗？

3. 你能用计数单位的眼光去观察图 6-187 吗？

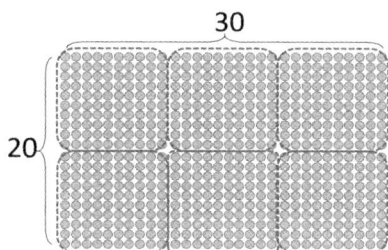

图 6-187 "小数乘小数"课堂教学素材（四）

教师小结：30×20，就是每行摆 3 个十，摆了 20 行。1 个十乘 10 就是 1 个百，因此可以看作每行摆 3 个百，摆了这样的 2 行，一共有（2×3）个百，计数单位从十变成了百。

4. 观察下列式子，这些式子有什么相同的地方？

20×30=600   2×3=6   0.2×3=0.6   0.2×0.3=0.06

根据学生回答，教师依次出示：

20×30 表示（2×3）个百；2×3 表示（2×3）个一；

0.2×3 表示（2×3）个 0.1；0.2×0.3 表示（2×3）个 0.01。

师：这些式子都可以看作（2×3）个计数单位。

◎ **应用巩固**

1. 你能用计数单位来说一说这几道算式表示几个几吗？

28×3   2.8×13   2.8×1.3   0.28×1.3

2. 学生汇报。

3. 梳理知识。教师逐次出示图 6-188 中的图。

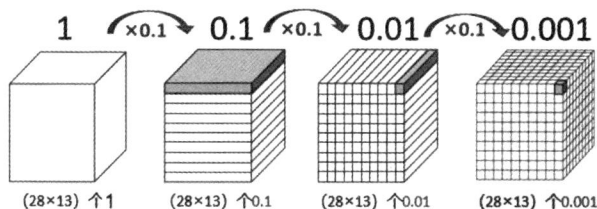

图 6-188 "小数乘小数"课堂教学素材（五）

①如果用1个大正方体表示1，你能想象0.1吗？（把大正方体平均分成10份，其中的一份就是0.1）

②2.8×1.3的计数单位0.01在哪里？（把0.1平均分成10份，其中的一份就是0.01）

③0.28×1.3的计数单位是什么？在哪里？（把0.01平均分成10份，其中的一份就是0.001）

教师小结：0.01的0.1是0.001，把计数单位不断细分，可以得到更小的计数单位。

◎**深化拓展**

1. 你会计算下面三道算式吗？如果想快速得到答案，你需要知道什么？

2.8×0.13　　　　　　280×1.3　　　　　2.80×13

2. 你能根据28×13=364快速得到上述三道算式的答案吗？请你判断下面三道等式是否正确。

2.8×0.13=3.64　　　280×1.3=36.4　　　2.80×13=3.64

3. 用算式表示图6–189中阴影部分的大小。

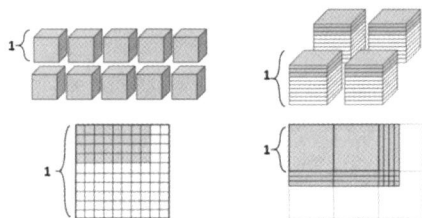

图6–189　"小数乘小数"课堂练习

◎**回顾总结**

1. 思考：你有什么收获？

2. 回顾：我们在计算小数乘法的时候用了像（2×3）个0.1、（2×3）个0.01这样的方法来计算，在整数乘法中，我们也会用（2×3）个一、（2×3）个百的方法来计算。我们先要明确计数单位，再计算计数单位的个数。

3. 问题：在未来的学习中，我们还会接触分数乘法，它和今天的计数单位有怎样的关系呢？希望你能在以后的学习中解决这个问题。

总之，学习"小数乘小数"时我们可以引导学生基于数的意义去理解运算的意义，结合面积模型描述新的计数单位，通过计数单位使小数乘法转化为整数乘法，理解小数乘法与整数乘法算理算法的一致性，发展学生的运算能力和推理意识。

6.14　数字搭配：一波三折激起思维的浪花

用数字搭配组成两位数的数学问题在人教版教材中出现过两次，分别是二年级上册和三年级下册教材。三年级下册编排的"搭配（二）"继续引导学生通过观察、猜测、实验、推理等活动找出简单事物的排列数和组合数，培养学生观察、操作及归纳推理能力，培养他们探索数学问题的兴趣和发现、欣赏数学美的意识。那么"搭配（二）"的关键问题是什么？我们又该设计怎样的学习活动去破解关键问题呢？

6.14.1　教材研读理脉络

二年级上册的"搭配（一）"是学生第一次解决有关数字搭配的问题。通过二年级的学习，学生掌握了简单的数字搭配问题，认识到要有规律地写才能做到不重复、不遗漏。三年级下册出现的数字搭配问题"用0、1、3、5能组成多少个没有重复数字的两位数"，与二年级不同的地方是可供选择的数字多，且需要考虑选择数字0的特殊情况。

三年级的学生已经知道要有规律地进行搭配，因此教材编排了"先选一个数字写在十位上""把十位是1的两位数写完，十位上再换一个数字……"的思考过程，特别是给出了学生已经感悟了的思想方法——"这样按顺序写，就能不重不漏"。

和以往不同的是数字0的出现，学生对此需要特别关注。多了一个数字0之后，和以前学习的搭配问题有哪些不同呢？基于数的意义，作为两位数的记数方式，其十位上不能是0，教材特意强调了这一点。

可以发现，其他的知识都是学生已习得的，新的知识是增加数字 0 之后的解决问题的方法探究。教材接下来编排的"做一做"是与例题相似的、与生活相关的稍复杂的搭配问题：

1.用 0、2、4、6 可以组成多少个没有重复数字的两位数？

2.把 5 块巧克力全部分给小丽、小明、小红，每人至少分到 1 块。有多少种分法？

与二年级相比，教材内容在难度上有一定的提升，在已有经验的基础上，学生知道要有规律地搭配两位数，有规律地写，因此他要"先选一个数字写在十位上"，把"十位上是 1 的两位数写完，十位上再换一个数字……"

"分 5 块巧克力"数学问题就是应用数字搭配的思想方法解决问题的过程，看上去似乎分巧克力和数字搭配没什么关系，但是它们内在的思想方法是一致的。分巧克力问题本质上是组成三位数，学生要运用已有的知识经验自主探索如何组成有重复数字的三位数。

6.14.2　厘清脉络定关键

学生在二年级学习了简单的数字搭配问题，已经认识到要有规律地写才能做到不重不漏。基于已有的经验，他们面对数字增多且需要考虑特殊数字 0 的情况下，能有规律地进行搭配。学生作品中出现较多的是先写十位、再写个位的；也有学生是先写个位、再写十位的，但是相对少一些，这与学生的写数和读数的习惯有关；还有学生是先写十位，再写个位，最后结合交换位置找出所有的两位数。不同的学生能用不同的方式表达和描述自己研究问题、解决问题的过程。

对于需要特别关注的数字 0，其理解难度不大，这得益于学生对数的意义的理解。学生在写两位数时，自然而然地发现如果十位上是"0"的就不是两位数，就会自主确立"十位上不能是 0"的搭配规则。因此，学生在面对具有相同结构的"做一做"第一小题"用 0、2、4、6 能组成多少个没有重复数字的两位数"时，能很好地利用已掌握的知识解决问题。

"做一做"中稍复杂的第二小题，学生要从组成两位数走向组成三位数。

解决稍复杂的数字搭配问题是知识应用和方法迁移的过程，对于发展学生学科核心素养和提高思维能力具有较好的促进作用。

因此，让学生利用已有的基本经验和基本思想方法有规律地写出所有的两位数并不难。难的是如何引导学生自主发现数字搭配形式和要求，如何根据不同的要求对数字进行合理的搭配，如何设计数字搭配方案。

因此，从学生学科核心素养的培养和发展来说，本课的关键问题是"如何引导学生通过自主设计数字搭配方案，体会不同设计方案背后的数学方法"。

6.14.3　基于关键研学情

如果将本节课的关键问题定为"如何引导学生通过自主设计数字搭配方案，体会不同设计方案背后的数学方法"，那么学生已有的关于数字搭配的知识技能、经验是怎样的呢？能支撑学生破解新的关键问题吗？

为了更好地凸显学生对已有的经验和方法的应用，我们设计了以下检测学生学情的学习活动：

□、2、3、4可以组成多少个没有重复数字的两位数？

选一选：自己选择一个数填在□里。

想一想：怎样写才能有规律？

写一写：把所有符合要求的两位数不遗漏、不重复地写下来。

这是一个基于关键问题的学生学习活动，□里填什么呢？学生会有哪些选择呢？他们会有规律地、不遗漏地写出所有的没有重复数字的两位数吗？学生的选择有三种情况：选择1、5、6、7、8、9；选择0；选择2、3、4。

根据三种选择呈现三种没有重复数字的两位数的个数。那么，课堂上学生在学习活动中的表现如何呢？（见图6-190至图6-191）

图 6-190　"搭配（二）"学生学习活动作品（一）

首选数字 1 的学生非常多，他们按照顺序有规律地写出了 12 个没有重复数字的两位数。

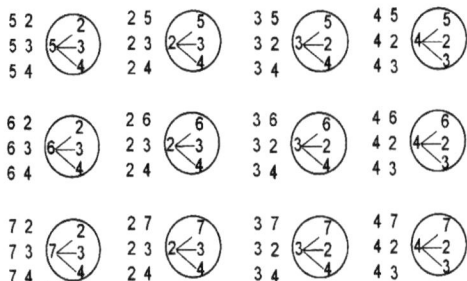

图 6-191 "搭配（二）"学生学习活动作品（二）

还有一部分学生会选择数字 5、6、7、8、9，在呈现这些学生的作品时，我们应当引导学生比较选这些数字和选数字 1 之间的不同和相同。让他们体会到虽然数字不一样，但没有重复数字的两位数的个数是相同的。选择数字 1、5、6、7、8、9 有规律地写出符合条件的所有两位数的数学活动既是学生对已有知识技能的复习，也是对思想方法和活动经验的进一步体悟。

在这个学习活动中，0 出现了：

用 1、2、3、□ 可以组成多少个没有重复数字的两位数？

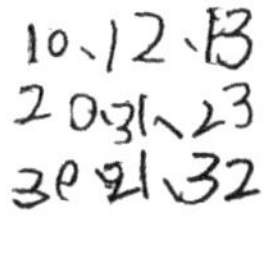

图 6-192 "搭配（二）"学生学习活动作品（三）

0 的出现总是那样姗姗来迟，或许学生潜意识里就不喜欢数字 0，不喜欢选择这样一个在数字搭配里显得特别另类的数字。有什么不一样？为什么同样是 4 个数字，这次只能写出 9 个没有重复数字的两位数？在问题解决的过程中，可以让学生更好地体会"十位上不能是 0"的规则要求。

如果我们不断地追问和引导学生反思还有没有别的选择，学生就有可能出现选择与已有数字 2、3、4 重复的数字。选择数字 2、3、4 会出现多少个没有重复数字的两位数呢？它和哪种情况是一样的？实际上这就是第一次学习数字搭配问题的内容，无论第 4 个数字选 2 还是选 3 抑或选 4，有效数字卡片都只有三张，都是在利用三张有效卡片数字摆出没有重复数字的两位数。

通过学情研究，我们可以发现学生能够借助已有的知识经验有规律地写出所有的两位数，而且能做到不重不漏，对于含有特殊数字 0 的情况，也能有规律地进行搭配。

6.14.4　基于关键设教学

根据基于关键问题的教材研读和学情研究，在充分解读学生学习活动作品的基础上，我们设计基于关键问题破解的教学方案，构建课堂教学的框架。

◎**复习引入**

师：用 2、3、4 可以组成多少个没有重复数字的两位数。

师：你能有规律地说出所有情况吗？说一说，你是按照什么规律快速说出所有数的？

师：除了固定十位法能做到有规律且不遗漏、不重复，还可以用固定个位法和交换位置法得到所有的数。

师：这是我们二年级学过的搭配问题，同学们都知道有规律地写可以不重复不遗漏，今天我们继续利用搭配知识解决问题。

◎**活动探究**

1.用□、2、3、4 可以组成多少个没有重复数字的两位数？

师：你想在□里填几？请选择填一个数。

师：你能有规律地把所有的数不重复、不遗漏地写出来吗？看看能组成多少个数。

2.学生独立探究。

3.学生作品展示（见图 6-190 至图 6-191）。

◎**自主设计**

1.任务：要想得到不是 12，不是 9，也不是 6 的答案，你有什么好的方案？

□、2、3、4 可以组成（　　）个＿＿＿＿＿＿＿＿＿＿。（想一想怎么填写方案情况能不一样）

2.学生自主设计方案。

3.学生作品展示。

◎**拓展应用**

1.唐僧师徒四人坐成一排。如果唐僧的位置不变，其他人可以任意换位置，一共有多少种坐法？

图 6-193　"搭配（二）"课堂练习

2.学生独立解决问题。

3.反馈交流。

师：这个问题和数字搭配一样吗？不一样吗？怎么解决这个问题呢？

生：用 1、2、3、4 表示师徒四人，也可以将这个问题看作数字搭配。

◎**回顾反思（略）**

总之，通过用数字组成两位数的数学学习活动，我们可以引导学生体会到数学思维的一波三折。从 12 个到 9 个，十位上不能写 0，这是第一次转折；从 12 个、9 个到 6 个，从看似四个数字而实质上是三个数字，这是第二次转折；从选择数字到设计方案，体会更多的搭配方案，这是第三次转折。把波浪翻腾得更加壮阔，一波三折，才能积蓄力量，才能翻起学生思维的浪花，从而有效地培养和发展学生的学科核心素养。

6.15 认识圆柱：与众不同是曲面

圆柱的认识是人教版教材六年级下册第三单元"圆柱与圆锥"的教学内容，该单元也是小学数学图形与几何领域内的最后一块学习内容。此前学生已经学习了平面图形和立体图形的有关知识，积累了认识图形、观察图形、计算图形的活动经验和思想方法，这些已有的知识和经验有助于学生更好地认识圆柱。那么认识圆柱这一课的关键问题是什么？我们又该设计怎样的学习活动去破解关键问题呢？

6.15.1 教材研读理脉络

"圆柱的认识"一课教材的开场白："我们学过的正方体和长方体都是由平面围成的立体图形。"

看到这句话，我们不禁要问：什么是"围成"？为什么特别强调"平面"？正方体和长方体是由哪些平面图形围成的？学生体验过正方体和长方体的围成过程吗？圆柱和以前学习的长方体、正方体有什么不同？圆柱是由什么图形围成的，是平面图形吗？

有了这些问题，学生就有了用数学的眼光去观察现实世界中的圆柱这一立体图形的需求。

在具体的生活情境中，我们可以从整体上感知圆柱的形状，从具体实物中抽象出圆柱的表象，从而在实际生活中发现圆柱。

彩色铅笔　　　　盒子　　　　储罐

柱子　　　　砧板　　　　台灯

图 6-194 "圆柱的认识"教材内容（一）

用数学的眼光去观察，图 6-194 中的物体的形状都是圆柱。那么，圆柱有什么特点呢？

教材设计了一个学习活动，让学生观察一个圆柱形的物体，看一看它是由哪几部分组成的，有什么特征。

基于已有的学习立体图形的经验，学生会从点、线、面三个角度去观察和思考，发现圆柱是由三个面围成的，包括上下两个大小一样的面和一个侧面，会看到圆柱的高，会以连接上下两个圆的圆心的线段来描述圆柱的高。

图 6-195 "圆柱的认识"教材内容（二）

这里特别要注意的是，图 6-195 中女生说的话——"圆柱的侧面是曲面"。因为这是"曲面"名称的第一次出现，与教材出现的第一句话"我们学过的正方体和长方体都是由平面围成的立体图形"相呼应。此前学习的长方体和正方体都是由平面围成的，圆柱与它们不同的地方就在于其除了平面，圆柱是由平面和曲面一起围成的。

正因为圆柱的侧面是曲面，所以教材接下来提供了转动长方形的学生活动素材（见图 6-196），其关键就是通过转动产生曲面。

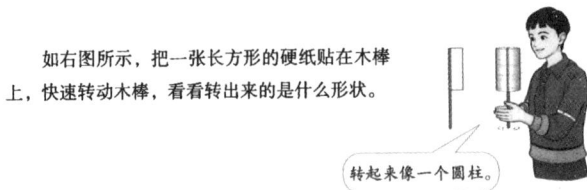

图 6-196 "圆柱的认识"教材内容（三）

有了曲面，高就可以确定了，上下两个底面也可以确定了，圆柱的样子就确定了，就可以用数学语言描述这是一个什么样的圆柱了。

6.15.2　厘清脉络定关键

圆柱是学生以前观察过的几何图形，学生对它已经有了一定的直观认识。特别是在二年级学习"观察物体（一）"时，学生经历了以下的学习活动（见图6-197）。

图 6-197　"观察物体（一）"教材内容

这里有个关键词——"照样子"。什么是照样子？照什么样子？这是观察长方体数学活动经验的应用，也是进一步通过观察来认识正方体、圆柱和球特征的过程，是进一步体会如何用数学语言描述三种立体图形的过程。在这个数学活动过程中，学生尝试用数学语言描述自己看到的圆柱的形状。

从学生的作品中，可以看出学生已经知道圆柱上面和下面都是圆形的平面。从前后左右观察圆柱看到的都是长方形，从前后左右观察长方体看到的也是长方形。它们有什么不同？这是学生需要思考的问题。

"我们学过的长方体和正方体都是由平面围成的立体图形。"那么，圆柱是由平面围成的吗？它是由什么围成的？它和长方体、正方体最大的不同是什么？围成圆柱的关键是什么？

围成圆柱的关键是曲面，这也是圆柱和以前学习的立体图形最大的不同，因此教材特意强调了"圆柱的侧面是曲面"，强化学生对圆柱特征的认识。

和"转起来像一个圆柱"数学活动相对应的是"做一做"的第二小题：

转动长方形 *ABCD*，生成右面的两个圆柱。说一说它们分别是以长方形的哪条边为轴旋转而成的，底面半径和高分别是多少。

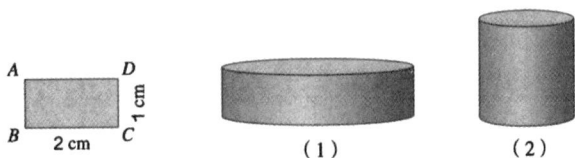

图 6-198 "圆柱的认识"教材内容（四）

分别以长和宽为轴转动长方形可以生成不同的曲面，形成两个不同的圆柱。它们是怎么转成的？转成以后的圆柱的底面是怎样的？高是多少？当学生有了长方形转动的"象"，就有了基于长方形长与宽数据对圆柱半径、直径和高的描述。

"曲面"作为一个名词第一次出现，对于学生来说，还是一个陌生的称呼。如何强化学生对曲面的理解就成了这节课一个非常重要的任务。那么如何引导学生认识曲面呢？怎样基于数学活动让学生感受曲面呢？怎样让学生基于曲面进一步理解和认识圆柱的特征呢？这就成了本节课的关键问题。

6.15.3 基于关键研学情

我们通过设计学习活动，引导学生在数学活动中用数学的眼光观察圆柱，尝试用数学的语言描述圆柱的特征：

你能向别人介绍下图 6-199 中的圆柱吗？（说一说、写一写、画一画、量一量、摸一摸⋯⋯）

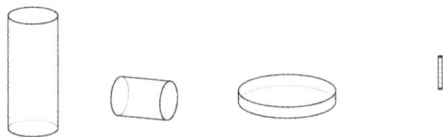

图 6-199 "圆柱的认识"学生学习活动

学生能关注到曲面吗？他们会如何描述圆柱的特征呢？我们来看学生的学习活动作品（见图 6-200 至图 6-204）。

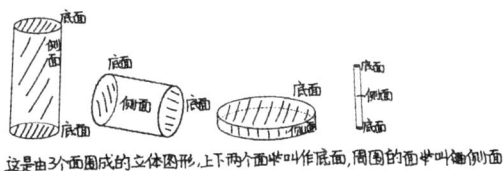

这是由3个面围成的立体图形,上下两个面叫作底面,周围的面叫做侧面

图 6-200 "圆柱的认识"学生学习活动作品（一）

这个学生看到了面，用画图的形式清晰地描述了圆柱体的两个底面和一个侧面，凸显了圆柱是由 3 个面围成的立体图形。

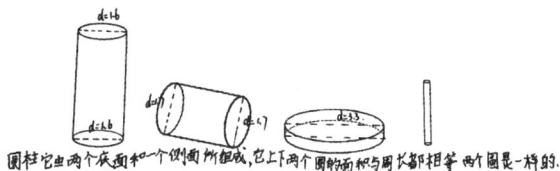

圆柱它由两个底面和一个侧面所组成,包上下两个圆的面积与周长都相等 两个圆是一样的.

图 6-201 "圆柱的认识"学生学习活动作品（二）

这个学生看到了圆，看到了圆心、圆的半径和直径，用圆的知识描述上下两个底面的直径和半径，凸显它们是面积、周长相同的圆。

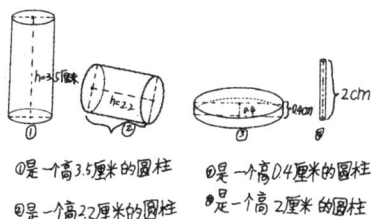

①是一个高3.5厘米的圆柱
②是一个高2.2厘米的圆柱
③是一个高0.4厘米的圆柱
④是一个高 2厘米 的圆柱

图 6-202 "圆柱的认识"学生学习活动作品（三）

这个学生看到了上下两个底面圆心之间的距离，用线段连接上下两个底面的圆心，圆柱的高清晰生动地被凸显出来，这样就可以描述它们分别是高 3.5 cm、0.4 cm、2.2 cm、2 cm 的圆柱。

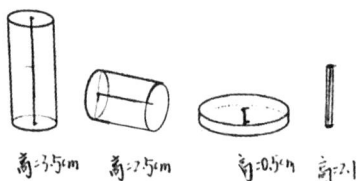

图 6-203 "圆柱的认识"学生学习活动作品（四）

这个学生在描述高时，基于高是连接两个底面圆心的线段的表达，画了底面的直径，并用手势来告诉大家高可以在直径上平移，所以高有无数条。由此，我们可以引导学生进一步体会，因为直径可以画无数条，因此高从圆心出发，可以沿着不同的直径移动，高就有无数条。因此，学生对圆柱的高有了更为深刻的理解。

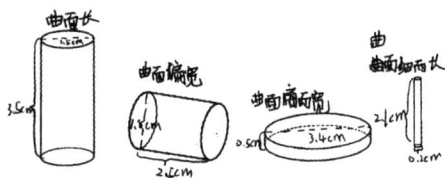

图 6-204 "圆柱的认识"学生学习活动作品（五）

这个学生看到的是那个与众不同的曲面，他以"曲面"为关键词描述了四个圆柱的不同：第一个圆柱的曲面长；第二个圆柱的曲面偏宽；第三个圆柱的曲面扁而宽；第四个圆柱的曲面细而长。

从学生的学习活动作品中可以发现，学生能够基于已有的知识经验，从由什么围成的、各部分名称、面、高等方面去描述圆柱的特征。特别是部分学生还对侧面是一个曲面进行了描述，凸显了圆柱与众不同的地方就在于它是由两个平面和一个曲面围成的。

6.15.4 基于学情设教学

根据教材研读和学情研究，基于本节课的关键问题，我们设计相应的教学活动引导学生通过自主探索认识圆柱，掌握圆柱的特征。

◎**情境引入**

1.生活中处处有数学,用数学的眼光观察,你在图 6-205 中看到了什么?

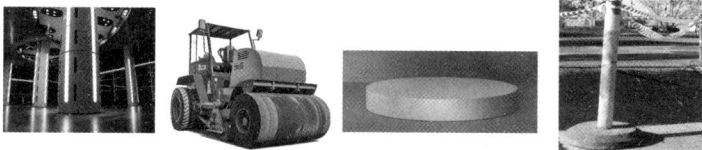

图 6-205 "圆柱的认识"课堂教学素材(一)

2.生活中有很多物体或建筑物的形状都是圆柱体。现在,请你继续用数学的眼光观察图 6-206 中的圆柱,你发现了什么?

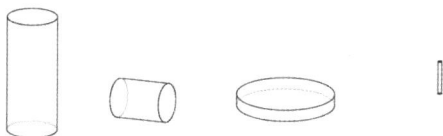

图 6-206 "圆柱的认识"课堂教学素材(二)

学生随意说,教师不评价,必要的时候记录一些关键词。

师:同学们从自己的视角观察这些圆柱,每个人都有自己的发现,有些人发现圆柱有的高有的矮,有的粗有的细,还有的同学关注到圆柱的面。

师:今天这节课,我们就一起来深入研究圆柱。

教师板书:认识圆柱。

◎**研究圆柱**

1.学习活动:请你围绕面、高研究圆柱,思考怎么向别人介绍这是一个怎样的圆柱。

2.学生交流汇报。

师:你们都很棒,能用自己的方法从底面、侧面、高的角度向别人介绍圆柱的特征。在这个过程中,我们发现圆柱是由两个底面和一个侧面围成的;两个底面圆心之间的距离,叫作圆柱的高,高有无数条。

3.练习:标明图 6-207 中圆柱的底面、侧面和高。

图 6-207 "圆柱的认识"课堂练习（一）

◎ **比较研究**

1.比较：圆柱和长方体、正方体有什么相同？有什么不同？

2.学生总结：它们都是由面围成的立体图形；不同点是长方体和正方体是由平面围成的，圆柱是由两个平面和一个曲面围成的。

◎ **制作圆柱**

1.圆柱是由两个平面和一个曲面围成的，那你能自己制作一个圆柱吗？

选一选：选择合适的材料尝试制作一个圆柱。（注意：不能浪费材料）

比一比：谁能用不同的方法制作出更多不同的圆柱。

说一说：制作出圆柱后，在小组内交流自己的发现。

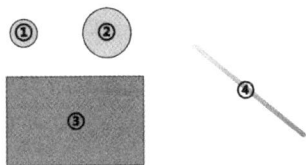

图 6-208 "圆柱的认识"学习活动

2.学生自主探究。

3.思考：用卷长方形的方法和转长方形的方法可以制作出圆柱，那么这两种方法能制作出圆柱的关键是什么？

4.学生总结：卷出曲面，转出曲面，只有得到曲面才能和两个圆形的底面围成一个圆柱。

◎ **思考应用**

1.转动图 6-209 中的长方形 $ABCD$ 生成两个圆柱①②。说一说，它们分别是以长方形的哪条边为轴旋转而成的，底面半径和高分别是多少。

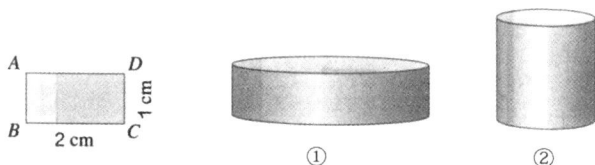

图 6-209 "圆柱的认识"课堂练习（二）

2.卷长方形和转长方形制作的圆柱，两种方法有什么不同？

3.学生总结：卷长方形得到的圆柱底面半径比较小，转长方形得到的圆柱底面半径比较大；长方形的宽是卷长方形得到的圆柱底面的周长，长方形的长是转长方形得到的圆柱底面的半径。

◎ **拓展延伸**

师：除了卷长方形和转长方形，还有其他方法也可以得到圆柱吗？

师：有同学用圆片制作出了圆柱，想象一下，他是怎么制作的？

多媒体课件呈现 10 个圆片堆积形成 1 个圆柱的过程。

师：如果这是一个厚 1 mm、半径是 2 cm 的圆，那么它堆成的是一个怎样的圆柱？

生：底面半径 2cm，高 10mm 或者 1cm 的圆柱。

◎ **回顾整理**

1.回顾：这节课我们是怎么研究圆柱的？

2.小结：我们用数学的眼光看到了身边的圆柱，又用自己的语言介绍了圆柱，还尝试制作了圆柱。作为六年级的孩子，我们不仅要会看、会说、会做，还要会思考。

3.思考：为什么生活中这么多物体都是圆柱？

圆柱因为有了曲面而与众不同，如何强化学生对于曲面的理解就成了这节课一个非常重要的任务。我们通过制作圆柱的学习活动，引导学生通过卷长方形和转长方形的实践操作，体会制作圆柱的关键是得到一个曲面，一个曲面和两个圆形底面就能围成一个圆柱，从而进一步理解圆柱的特征，构建圆柱的相关知识结构，为后续学习圆柱的表面积和体积做好铺垫。

参考文献

[1] 胡适 . 中国哲学史大纲 [M]. 北京 : 中华书局，2013.

[2] 华杉 . 华杉讲透《论语》[M]. 南京 : 江苏凤凰文艺出版社，2016.

[3] 南怀瑾 . 南怀瑾选集（典藏版）: 第三卷 [M]. 上海 : 复旦大学出版社，2013.

[4] 梁冬 . 梁冬说庄子 : 齐物论 [M]. 广州 : 广东人民出版社，2018.

[5] 刘加霞 . 小学数学有效教学 [M]. 北京 : 北京师范大学出版社，2015.

[6] 王月芬 . 重构作业 : 课程视域下的单元作业 [M]. 北京 : 教育科学出版社，2021.

[7] 徐文兵，梁冬 . 黄帝内经 : 四气调神 [M]. 南昌 : 江西科学技术出版社，2013.

[8] 夏雪梅 . 项目化学习设计 : 学习素养视角下的国际与本土实践 [M]. 北京 : 教育科学出版社，2021.

[9] 张真 . 庄子知周 [M]. 北京 : 学苑出版社，2021.

[10] 俞正强 . 种子课 : 一个数学特级教师的思与行 [M]. 北京 : 教育科学出版社，2013.

[11] 俞正强 . 种子课 2.0 : 如何教对数学课 [M]. 北京 : 教育科学出版社，2020.

[12] 俞正强，郭华 . 种子课 3.0: 对话深度学习 [M]. 北京 : 教育科学出版社，

2022.

[13] 俞正强. 度量天下：俞正强小学数学计量单位教学 20 例 [M]. 北京：开明出版社，2022.

[14] 周晓林. 两位数加减两位数笔算教学研究 [M]. 南昌：江西教育出版社，2020.

[15] 周晓林. 关键问题：一节课里的种子 [M]. 南昌：江西教育出版社，2021.

[16] 俞正强. 关于运算意义构建的思考 [J]. 中国教师，2015（23）：12—15.

[17] 周晓林. 研究学生学习活动作品的三条法则 [J]. 教学月刊（小学版），2023（17）：1.

[18] 周晓林. 基于关键问题的学生学习活动设计 [J]. 小学教学设计（数学），2020（1、2）：27—29.

[19] 周晓林. 教师应有点哲学气质 [J]. 教学月刊（小学版综合），2013（6）：56—57.

[20] 周晓林. 研读新课标存在的主要问题与解决策略 [J]. 小学教学设计（数学），2023（17）:31—35.

[21] 周晓林. "公顷和平方千米"的教学需要有"大视野" [J]. 小学教学设计（数学），2023（1、2）：29—31.

后记

生与长是种子的使命，春生夏长，周而复始。俞正强老师说，春生夏长是一颗种子一生要干的事，春生夏长也是获得一颗种子的不二路径。

不是每节课都是种子课，但是每节课都有种子特质。这个种子特质，就是每节课中具备生长力量的那个节点。我把这个具备生长力量的节点称为"关键问题"，名以"一节课里的种子"。

种子的生长是需要阳光、水分和土壤的，教师的使命就是给予种子充足的阳光、充沛的雨水和肥沃的土壤，但是我们不能代替它生长。

因此，种子的生长需要浇水施肥，关键问题的破解需要学习活动。学习活动就是给种子浇水、施肥的过程，它是种子向阳生长的必由之路。

种子需要自己生长，需要自己向阳生长，需要自己吸收养分，需要自己在土壤中拔节。自生自长，自消自息，天道如此。

本书呈现的是如何让种子自己向阳生长的思考，是对其生长路径的尝试和构建：

研究关键问题，为了让每一颗种子都被发现；

研究学习活动，为了让每一颗种子都会发芽；

投身课堂深耕，为了让每一颗种子都能生长；

设计素养作业，为了让每一颗种子都有力量；

探索教师成长，为了让每一颗种子都被呵护；

记录好课多磨，为了让每一颗种子向阳生长。

两年来，我开始更多地从实践层面思考和探索如何从关键问题的视角研读教材，寻找和确定课堂教学的关键问题，设计破解关键问题的学习活动。一节课一节课地反复研究，一节课一节课地认真记录，一节课一节课地思考改进，使我们对关键问题有了更深入的认识。

我在公众号"关键问题与自在课堂"中曾推送了一位优秀学员的成长印记《多样镜头，为个人成长画像》，真实再现了这两年来我们是如何成长的。孟子说君子有三乐，其中之一就是"得天下英才而教育之"，有幸遇见这么一群优秀的人并有机会能用自己的有问必答促进他们的成长，是人生一大乐事。其实，更重要的是他们以自己的成长体验来给予我回馈，因此才有了我两年来一个字一个字敲出来的《关键问题：让种子在课堂里向阳生长》。

夏至前，我开始读《孟子》，每天读一小段。梁惠王见孟子，第一句话就是："叟！不远千里而来，亦将有以利吾国乎？"他的心里想的是利，起心动念的出发点就是利。现在有很多人，他研究教材、备课、上课、写作、分享，心里想的是这会给我带来什么利益，如果有利益就去做，如果没利益就不去做。

程颐说，君子未尝不欲利，但专以利为心则有害。因此，我对我的学员反复地讲"因上努力，果上随缘"。当年俞正强老师给我的专著《关键问题：一节课里的种子》写序时，暗含对我的期望，"春生为晓，夏长而林"。春生，夏长，就是种子的使命，不要去问收获，只谈耕耘。当时，我对此的体会还不是很通透，不能明白其中的意味。我师公给补了四个字"周而复始"，真是画龙点睛，拨云见日。看到这四个字，我突然就明白了，要周而复始地春生夏长，莫问秋收冬藏，那是自然而然的结果。

当一个人唯利是求时，是不会知道有仁义的。因此，孟子见梁惠王言仁义而不言利，就是为了拔本塞源而救其弊。俞正强老师来温州市鹿城区不谈如何研究课，而谈如何培养孩子的底线，如何让孩子的心亮起来，"此圣贤之心也"。

让种子在课堂里向阳生长是我们的使命，用心去对待每一颗种子，用心去给种子浇水施肥。恰如是也，种子之成长，教师之进步，"由水之就下，沛然谁能御之"。我们要培养出好教师，好教师才能带出一个好班级，才会有更多孩子的心亮起来。

孔子在描述如何对待他人、如何对待自己时，说："出门如见大宾，使民如承大祭。己所不欲，勿施于人。在邦无怨，在家无怨。"对于教师来说，是否每一节课都是我们的"大宾"？如果我们把每一节课都看作尊贵的客人，对每一节课都能保持足够的热情和尊敬，那么就有可能对课堂保持足够的敬畏。

有了对每节课足够的敬意，如见大宾，如承大祭，那么自然就会"在邦无怨，在家无怨"。课没上好，是我的问题；学生没学习到位，是我的问题。

这样，我们在上每一节课时，就会有"使民如承大祭"的仪式感。朱乐平老师倡导的"一课研究"的价值和意义就在于此，它能让我们对每节课都保持热情和尊敬，深入地研究和探索一节课。

读书，一定是需要切己体察的，把书中的说法和做法放在自己身上对照，放在具体的事情上、工作上琢磨。从书上，到自己身上，再到具体事情上，循环往复，知行合一。当你能从书上读出我们在研究过程中经历的迷茫、忧伤和喜悦时，从本质上说，是你和书中文字背后的频率趋向一致了。

物质和物质是无法交流的，但波动的频率和频率之间是可以交流的。当两段波能够同频共振时，那拈花一笑般的幸福感便油然而生。

感谢俞正强老师、兰衍局老师为本书作序，感谢魏文远博士、冯会珍编辑为本书出版付出的努力，感谢徐梦田老师、王薪薪老师、陈晓路老师、朱芯瑜老师、赵静老师为本书相关课例研究进行的教学实践。

感恩！

周晓林
2023 年 8 月于温州